포퓰리즘의 정치전쟁

종교화된 진영정치

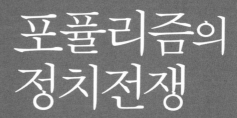

포퓰리즘의
정치전쟁
종교화된 진영정치

김만흠 지음

머 리 말

이태원 참사의 비극에 국민들은 황망하고 가슴이 멘다. 정치적 쟁점화는 불가피해 보인다. 국가적인 사안이기 때문이다. 국민적 슬픔이 정파적 쟁점으로 바뀌면서 갈등과 후유증을 낳았던 세월호 참사 이후의 경험이 반복되어서는 안 된다. 사전 위기 경보에도 방기한 정부 기관이나 지자체의 책임을 물을 수밖에 없는 상황이다. 무한책임의 정부가 참사 수습 관리에도 국민들의 마음을 제대로 담지 못하고 있다. 최근 '공격이 최선의 방어'라는 전략으로 임하고 있는 민주당은 이태원 참사 책임을 대여 공세의 주요 소재로 삼고 있다. 비극적 참사가 정치권에 성찰의 계기가 되기를 기대하는 것이 무망하다. 이 와중에 북한은 연일 위협 미사일을 발사하며 긴장을 고조하고 있다.

여야 정치 세력의 대립은 거의 전쟁 수준이다. 민주당은 당력을 총동원해, 정부의 사법 조치에 대해 정치 탄압이라며 맞선다. 일부 강경 지지 세력은 촛불집회로 정권을 끌어내리겠다며 장외 집회를 열었다. 이에 비판적인 사람들이나 정부 여당은 예상된 사법 리스크를 자초한 민주당이 스스로 수렁에 빠지고 있다고 비난한다. 대의민주주의 제도의 경쟁과 공존 체제가 간신히 유지되는 실정이다.

한국 정치는 매우 역동적이다. 5~6년 전에 탄핵 정국이 있었고, 문재인 정부 5년을 거쳤다. 적폐청산의 주체였던 문재인 정부 세력과 민주당이 이제 그 대상이 되어 있다. 그동안 포퓰리즘의 진영정치는 더 극단화되었고, 우리는 검찰총장 출신의 윤석열 대통령이 이끄는 새 정부의 '처음 해보는' 실험에 마주하고 있다.

5년 전 『김만흠의 15분 정치학 강의』를 출간했다. TBS 라디오 프로그램 〈열린아침 김만흠입니다〉를 진행하면서 매주 일요일 아침 '대한민국 정치의 역사'라는 제목으로 15분 정도 강의한 내용을 담았다. 2016년 20대 국회 출범기부터 문재인 정부 집권 초반까지 방송한 내용이다. 당시는 박근혜 대통령 탄핵이 정국의 한가운데 있었고, 그 탄핵 정국에서 문재인 대통령이 집권했던 시기다. 그 이후 방송했던 내용을 2권에 담으려고 출간을 준비하는 중에 공직을 맡으면서 보류해야 했다. 이제 시간이 많이 지났고, 정국도 새롭게 바뀌었다.

문재인 정부 시기와 최근 정국을 담아 정치비평서 『포퓰리즘의 정치전쟁: 종교화된 진영정치』를 출간하게 되었다. 포퓰리즘과 진영정치는 요즘 한국 정치의 핵심 동력이자 문제점이다. 이를 바탕으로 적과 동지, 선과 악의 정치전쟁을 벌이는 것이 한국 정치의 현주소다.

문재인 정부는 무엇보다 '나라다운 나라'에 대한 촛불 민심의 기대를 안고 출범했다. 하얀 와이셔츠 차림에 커피를 들고 대통령과 참모들이 청와대에서 산책하는 모습은 신선하게 다가왔다. "개혁도, 저 문재인의 신념이기 때문에, 또는 옳은 길이기 때문에 하는 것이 아니라, 국민과 눈을 맞추면서, 국민이 원하고 국민에게 이익이기 때문에 하는 것이라는 마음가짐으로 나가겠습니다"라고 말한 대통령의 다짐은 이념정치와 독선에 대한 우려를 씻어주었다. 그러나 곧이어 시작된 인사 문제 논란부터 촛불 민심으로 포장한 독선적 국정 운영과 민낯의 권력정치는 우려를 현실로 만들었고, 결국 또 다른 심판의 대상이 되었다. 심판의 기회에 느닷없이 집권한 윤석열 정부 또한 아직까지 새로운 믿음을 주지 못하고 있다.

한국 정치의 퇴행기다. 무엇보다 교집합이 거의 없는 극단의 진영정치와 민낯의 권력정치가 문제다. SNS를 기반으로 강경 세력이 주도하는 포퓰리즘이 정국을 이끌고 있다. 정당들이 유사 종교 집단이 되다시피 해 자기 조정 능력이 잘 작동하지 않는 것이 현재의 한국 정당정치다. 권력을 감시·비판하면서 사회적 공기가 되어야 할 언론까지도 정파적 진영정치의 도구가 되어 있다. 여야 주도 세력 모두 국민의 신뢰를 얻지 못해, 비호감 세력들이 적대적으로 공생하는 형국이다. 어느 한쪽 또는 모두의 파멸로 새로운 국면이 생길지 모른다. 이대로라면 양대 세력의 독점이 그대로 지속될 가능성도 크다. 개혁이 필요하다. 승자독식의 체제와 정당 특권을 해소하는 제도 개혁이 이뤄져야 한다. 정치인, 정치 세력에 대한 평가에서 보수-진보의 기계적 이념이 아니라, 우리 사회 공동의 가치를 기준으로 정치의 기본 덕목과 리더십에 주목할 것을 제안한다. 출간에 애써준 한울엠플러스(주) 김종수 사장님과 편집부에 감사를 표한다.

이태원 참사로 희생된 청춘과 고인들의 명복을 빈다.

2022년 11월
김만흠

한국판 탈진실의 포퓰리즘,
유사 종교화된 정치집단

역사가 그렇듯이 정치도 진보만 해온 것이 아니다. 진보의 흐름도 있었고, 반동도 있었다. 유능한 정치가도 있었고, 무능하고 부패한 정치가가 지배하기도 했다. 옛 시대에도 성군(聖君), 현군(賢君)이 있는가 하면 반대로 폭군(暴君)도 있었고, 어리석은 용군(庸君), 혼군(昏君)도 있었다. 공자, 맹자, 플라톤, 정약용 등 수많은 철학자, 석학들이 주문했듯이 우리는 당연히 바람직한 정치, 훌륭한 정치인을 기대한다.

정치 현실을 감안했던 마키아벨리(Niccolò Machiavelli)는 '여우의 지혜와 사자의 용맹'을 군주의 덕목으로 말했다. 중국의 리쭝우(李宗五)는 춘추전국시대 통치 권력을 장악했던 승자들의 속성을 '얼굴 두껍고 속은 시커멓다'는 의미로 '후흑학(厚黑學)'이라 정리하기도 했다. 베버(Max Weber)의 '소명으로서의 정치'는 세습 신분에 따른 통치자가 아닌 오늘날 소명으로서 정치와 정치인의 덕목을 담고 있다. 윤리적·도덕적 기초라 할 수 있는 신념윤리, 그리고 실천 역량과 그에 따른 책임을 말하는 책임윤리의 조화를 말했다.

오늘날은 유권자들이 투표로 정치 세력을 지지하고 선출하는 대의

제 체제다. 정치 세력들이 상호 경쟁하면서 민심에 호응하는 정치가 이뤄지기를 기대하는 것이 민주주의의 취지다. 그러나 인간의 이기적 속성과 권력욕은 이상적 민주주의를 늘 미완의 과제로 남긴다. 개인의 선택이 집단적 공익의 결과로만 나타나지 않는 경우들도 적지 않다. 개별 이익과 공동체 이익의 충돌이다.

현실정치에서 대의민주주의는 정치 경쟁 구도, 대의제도, 유권자문화, 시대적인 흐름 등에 따라 크게 영향을 받는다. 미국에서는 트럼프 시대를 겪으면서 탈진실의 포퓰리즘과 반지성주의가 미국 민주주의를 갉아먹고 있다는 진단이 적지 않게 나왔다. 미국 정치에 대한 진단들을 보면, 흡사 우리나라에 대한 진단처럼 느껴진다.

요즘 정치 진영에 따른 갈등이 세계적으로 쟁점이 되는데, 주요 국가 중 미국과 우리 대한민국이 가장 심각한 나라로 보고되고 있다. 실증 자료를 토대로 분석하는 미국 퓨리서치센터(PEW Research Center)의 2021년 연구에 따르면 종교, 인종, 계층, 성별, 소속 정당 등의 여러 분열 요인 가운데 소속 정당의 차이에 따른 갈등이 가장 심각하다고 답한 나라가 조사 대상 17개국 중 15개국이었다. 그중에서 미국과 우리 한국의 갈등 인식도가 가장 높았고, 특히 소속 정당 차이에 따른 갈등 심각도가 두 나라에서 90%에 달했다.* 미국이 연방국가라는 점을 감안한다면, 중앙집권 대통령제인 우리나라의 정치 분열에 따른 갈등이 훨씬 더 심각한 상황이라는 것을 가늠할 수 있을 것이다.

최근 우리의 정치가 왜 이렇게 되었을까? 유사 종교화된 진영정치

---

* PEW Research Center, "Global Attitude Survey — Diversity and Division in Advanced Economies"(Spring 2021).

와 포퓰리즘이 그 중심에 있다. 둘은 상호작용하면서 진행되었다. 유사 종교화되었다는 말은 지지자들이 특정 정치인이나 특정 집단을 무조건 옹호하며 이에 대한 비판은 신성모독에 가깝게 보는 현상이다. 추종자들에게는 개별적 이성이 작동하지 않는다. 그 리더가 바람직한 방향으로 지지자들을 이끌어간다면, 이는 지도자의 카리스마라 말할 수 있다. 반면에 지지자들이 공동체의 정치적 공론장을 파괴하거나 잘못된 리더십을 추종한다면 상황은 심각해진다.

권력투쟁으로서 정치는 상대 세력에 대한 경계와 배제를 어느 정도 동반한다. 정치적 리더십과 정치 세력의 동원 환경에 따라 민주적 공존이 어려울 정도로 악화되기도 한다. 최근 양극화된 진영정치와 포퓰리즘은 심각한 상황으로 민주주의를 퇴행시키는 원인이자 그 자체로 지적되고 있다.•

알다시피 정치지도자와 지지자 사이에는 기본적으로 형성되는 충성심 같은 것이 있다. 지도자 개인의 카리스마적 역량이나 어떤 계기가 되는 사건, 문화적 풍토에 따라 충성도는 달라진다. 박정희나 김대중 대통령 등은 카리스마가 강한 정치인이었다. 지지자들의 열성이 강했던 대표적인 정치인은 노무현 대통령이다. 노 대통령 지지 세력은 열성적인 충성도만큼이나 비판 세력에 대해 배타적인 경향도 보였다.

열성적인 지지로 시작했던 친노 그룹의 집단 정체감이 SNS의 확산과 더불어 확대·변이되면서 친문, 문빠, 대깨문을 거쳐 개딸이라는 용

•   Gregor Fitzi, and Juergen Mackert et al., *Populism and the Crisis of Democracy: Volume 1: Concepts and Theory*(Routledge, 2018); William G. Howell, and Terry M. Moe, *Presidents, Populism, and the Crisis of Democracy* (The University of Chicago Press, 2020).

어까지 거리낌 없이 쓰고 있는 상황이 되었다. 어느 시대에나 종교 집단 이상으로 열성적인 정치 조직이 있을 수 있다. 문제는 이런 양상이 특수한 소수집단이 아니라, 우리나라 제1의 권력을 놓고 경쟁하는 집단에서 나타나고 있다는 점이다. 놀랍게도 기성 종교의 신부, 목사를 비롯해 교수들까지 신분을 떠나 이 유사 정치·종교 집단에 가세하고 있다. 하기야 과거 나치즘이나 스탈리니즘에도 이른바 지성인들이 가담했다.

제2차 세계대전 전후 파시즘의 등장 배경을 놓고 벌인 논란이 재현되는 느낌이다. 인간의 이성적 성찰력이 둔화된 후기 산업사회 문제를 지적한 프랑크푸르트학파, 대중사회를 배경으로 동원된 전체주의의 기원을 정리한 아렌트(Hannah Arendt), 인간에 내재된 가학–피가학적 양면성이라는 '자유로부터의 도피'를 권위주의 정치의 심리적 배경으로 분석한 프롬(Erich Fromm), 이상사회를 내세우는 목적론적 이념은 반민주적 전체주의로 귀결된다며 독선적 혁명 이념을 열린사회의 적으로 비판한 포퍼(Karl Popper) 등이 또 다른 차원에서 소환된다.

확증편향으로 쏠리는 오늘날과 같은 네티즌 시대는 제2차 세계대전 당시 구심점을 잃은 대중사회와 평행을 이룬다. 보수 유권자까지도 현실이 불안하지만, 진보적 전망 또한 부재한 최근 상황은 자본주의의 한계와 공산주의에 대한 불안이 공존했던 파시즘 등장 시기의 아노미를 소환한다. 문자·SNS 등을 통해 자기 진영을 호위하고 비판 세력을 신성모독으로 간주하는 '빠'들의 행태는 연성화된 나치유겐트, 홍위병, 우리의 이승만 정권 시절 '땃벌떼'의 행태와 다름없다. 직접적인 폭력을 사용하지 않는다는 점에서는 다르지만, 권력을 호위하며 비판과 반대를 위협한다는 점에서 다르지 않다.

1공화국 출범 이래 한국 정치는 간난을 극복하며 발전해 왔다. 급속한 산업화에 성공했고, 산업화 세력의 반민주성은 민주화 세력이 대체하며 보완했다. 민주화 세력을 승계한 진보 세력의 불안과 무능을 실용적 보수 세력이 대체했다. 구시대의 권위주의 리더십으로 이어진 박근혜 정부 탄핵은 이제 보수와 진보(민주화 세력) 정치를 넘어서는 대안을 요구했다. 이른바 7공화국 시대를 열자는 주장도 나왔다. 탄핵으로 보수 세력이 붕괴된 가운데 노무현을 승계한 문재인이 대통령에 당선되어 집권했다.

　기존의 무능과 실패의 패러다임을 넘어서는 새로운 정치, 새로운 국정 운영이 필요했다. 그러나 기계적인 진보 패러다임의 이념정치를 벗어나지 못했다. 대의제 정부임에도 시민혁명을 내걸었던 노무현 정부의 포퓰리즘이 문재인 정부의 '촛불혁명정부'라는 포퓰리즘으로 재현되었다. 포퓰리즘이 인민·국민의 직접 참여라는 의미에서 대의제보다도 민주적이라 할지 모르겠지만, 국민의 뜻을 대표하는 민주적 국민참여가 아니다. 이념에 동조하거나 권력에 충성하는 지지자를 동원한 패권정치다.

　촛불 민심을 함께했던 국민의 80% 이상이 아니라 소수 강경 지지 세력이 홍위병이 되어 촛불 민심이라고 내세웠다. 실질적 민심을 담지 못한 권력의 구호만으로는 정권 재창출로 가기 어려웠다. 여기에 대선 후보 요인까지 겹치면서, 결국 문재인 정부의 민주당은 대선 심판을 넘어서지 못했다. 그런데 민주당 후보에 대한 심판으로 느닷없이 집권한 윤석열 정부는 대통령의 품격 논란까지 빚으며 불안한 출발을 하고 있다. 최근 한국 민주주의는 퇴행하고 있거나 적어도 길을 잃고 있다.

01

탄핵으로 집권한 정부,
심판받다

2022년 3월 9일 제20대 대통령선거에서 제1야당 '국민의힘' 윤석열 후보가 승리했다. 48.56%를 득표해 47.83%를 얻은 여당 '더불어민주당'(이하 민주당)의 이재명 후보를 0.73%라는 박빙의 차이로 이겼다. 역대 대통령선거 중 최소 득표 차 승리였다. 14명의 후보가 나선 선거에서 전체 득표의 96.39%가 두 후보에게 집중되었다. 그렇잖아도 승자독식의 권력을 둘러싼 양대 정당의 대결 구도가 두드러진 한국 정치이지만, 20대 대선에서 두 정당의 대립은 더 치열했다.

그런데 안타깝게도 비전과 희망을 주는 치열한 경쟁이 되지는 못했다. 두 주요 후보 모두 도덕성과 자질 논란에 휩싸였고, 언론에서는 "비호감 대선"이라고까지 표현했다. 물론 선거라는 것이 "최선이 아니라 차선이라도 뽑는 것"이라고들 한다. 그런데 이 말도 무색하게 그야말로 "차악을 뽑는 선거"라는 말이 흔히 통용되었던 20대 대선이었다. 선거 당일 방송 3사 출구조사에서도 응답자의 49.3%가 "후보가 만족스럽지 않지만 투표했다"라고 답했다.

정권심판론이 60%에 이를 정도로 문재인 정부에 대한 비판 여론이 큰 가운데 치른 대통령선거였다. 뚜렷한 업적을 보여주지 못한 가운데 부동산 정책 실패, 코로나19 팬데믹에 따른 관리 위기 등은 비판 여론의 배경이 되었다. 무엇보다 권력의 오만과 독선적 태도가 민심 이

반의 바탕에 있었다.

그러나 정치지도자로서의 준비 없이 검찰총장에서 대선 후보로 직행한 제1야당 후보 또한 정권교체론을 그대로 담아내기에는 한계가 있었다. 대장동 의혹 등 여당 후보의 도덕성 논란과 정권교체론을 배경으로 간신히 승리했다. 대선 후 출구조사에서도 "정권교체를 위해 야당 후보에 힘을 실어줄 필요가 있다"라는 응답자가 48.7%였다.

2017년 박근혜 대통령의 탄핵을 배경으로 집권한 정부가 집권 약속을 충족시키지 못한 채 정권을 넘겨준 셈이다. 헌재의 탄핵 결정이 있었던 2017년 3월 10일에서 딱 5년이 지난 2022년 3월 10일 개표에서 제1야당 후보에게 정권을 넘겨줬다. 탄핵을 배경으로 "나라다운 나라"를 걸고 집권했던 문재인 정부가 5년 뒤 다시 심판을 받은 셈이다.

촛불 민심은 권력이 아니라 책임

2017년 5월 대선에서 문재인 대통령이 당선된 배경은 무엇보다 박근혜 대통령의 탄핵이었다. 박 대통령 쪽이 탄핵으로 몰락하면서, 제1야당에 새로운 집권 기회가 열렸다. 동시에 새로운 집권 세력은 탄핵이 남긴 과제를 담아야 했다. 당시 제1야당 민주당의 문재인 후보는 "이게 나라냐"라는 촛불 시민들의 문제 제기를 담아 '나라다운 나라'를 만드는 국정 운영을 내세웠다. 이것은 대통령의 집권 명분 이전에 탄핵 정국이 남긴 사명이었다. 탄핵에는 국민의 압도적 다수가 동의했지만, 구체적인 대안으로서 '나라다운 나라'의 길에 대한 생각은 조금씩 달랐다.

문재인 후보는 투표자 41%의 지지를 받아 당선되었다. 집권 이후 문재인 정부 주변에서는 촛불혁명정부임을 강조했는데, 촛불 민심을 모두 대표한다는 의미에서 촛불정부는 아니었다. 투표자 중에는 문재인 후보를 지지하지 않은 유권자가 더 많았다. 문재인 후보를 강하게 비판했던 홍준표(24.0%), 안철수(21.4%), 유승민(6.8%) 후보의 득표율 합이 52.2%나 되었다.

탄핵 직전 실시한 여론조사에서 응답자의 78~81%가 탄핵에 동의했다. 국회의 탄핵 소추 의결도 의원 300명의 78%인 234명이 동의해 가결되었다. 국민의 80% 내외가 촛불 민심의 주체였다면 점을 감안한다면, 문재인 대통령은 그중 절반 정도의 지지를 받아 당선된 셈이다. 문재인 대통령이 촛불 민심을 제대로 담기 위해서는 지지자뿐 아니라 최소한 나머지 절반의 촛불 민심에도 호응하고 이를 포용해야 했다. 촛불 민심은 문재인 정부의 배타적 권력 기반이 아니었다는 것이다.

촛불 민심의 핵심은, 오히려 대통령 권력의 오남용에 대한 경고이자 교훈이었다. 또한 문재인 정부는 촛불혁명정부가 아니라 선거로 선출된 대의민주주의 정부였다. 촛불 민심을 담아야 하는 사명을 가지고 있다는 점에서라면 모르겠지만, 독점적으로 혁명 권력을 행사하는 주체라는 의미에서 촛불혁명정부는 아니었다.

물론 문 대통령은 취임사 "국민께 드리는 말씀"에서 이에 관해 언급했다. "국민 모두의 대통령이 되겠습니다. 저를 지지하지 않았던 국민 한 분 한 분도 저의 국민이고, 우리의 국민으로 섬기겠습니다. …… 이날은 진정한 국민통합이 시작되는 예로 역사에 기록될 것입니다."

물론 거의 모든 대통령 당선자들이 의례적으로 하는 말이기도 하다. 의례적인 말일 수도 있지만, 대통령으로서 당연히 갖춰야 할 자세다. 통합의 리더십이다. 그러나 실제에서는 통합의 리더십을 발휘하지 못했다. 집권 기간 내내 오히려 매우 파당적인 정권으로 비판받았다.

야당에 대한 포용 이전에 민주당마저도 포괄하지 못했다. 민주당 내 강경 지지 세력, 이른바 '문빠'들이 호위 세력을 자임했다. 대통령의 입장과 정부 정책에 대해 이견을 제시하면 SNS나 문자를 통해 집단으로 공격해 무력화했다. 배타적이고 반민주적인 행태였다. 문재인 대통령은 SNS 호위 세력의 이런 반민주적 행위를 제지하지 않았다. 문빠, 문파와 더불어 '대깨문'(대가리가 깨져도 문재인 지지)은 그들 집단을 향한 일상용어가 되었다. 이들이 오히려 문 대통령 지지 세력의 전위대처럼 보였다. 민주적 의견 수렴과 자기 조정 기능을 봉쇄했다.

취임사로만 남은 통합 대통령

문재인 대통령은 후보 시절 당내 경선 과정에서도 이런 문제가 쟁점이 되었다. 일부 강경 지지 세력이 상대 경쟁자에 대해 집단적으로 문자 공격을 했다. 당시 문 후보는 이를 두고 "경쟁 과정에서 나올 수 있는 '양념'"이라고 말했다. 그런데 이런 행태가 일시적 양념 수준을 넘어 문 정부 지지 세력의 기본적인 태도로 고착화되어 갔다.

집권 4년 기자회견(MBC, 〈2019 국민과의 대화, 국민이 묻는다〉, 2019. 11.19)에서도 이와 관련된 질문이 있었다. 답은 이랬다. "정말 저를 지지하는 지지자들이라면 그럴수록 더 문자에 대해서 예를 갖추고 상대를 배려하고, 그다음에 보다 공감받고 지지받을 수 있는 방식으로 그렇게 문자를, 정치의 영역이든 또는 비정치의 영역이든 그렇게 해주 시기를 아주 간곡하게 당부드리고 싶습니다." 그러면서 "SNS 시대에 문자로 자신의 의견을 표현하는 것은 너무나 당연하고 자연스러운 현상이라고 생각합니다. …… 저는 정치하는 분들이 그런 문자에 대해서 조금 더 여유 있는 마음으로 바라봐도 된다고 생각합니다"라는 말 또한 남겨, 문제의 심각성을 그리 크게 보지 않은 듯했다.

그러나 SNS를 매개로 한 배타적 정치문화와 정치적 양극화는 현재 한국 정치의 가장 핵심 문제다. 우리나라뿐 아니라 미국 등의 주요 국가들에서도 정치의 양극화와 SNS 포퓰리즘은 가장 큰 정치적 과제가 되어 있다. 물론 도전 과정에서는 소수의 단결이 필요하고, 이것이 외부에 대한 배타적 태도로 이어지는 불가피한 측면이 있다. 이른바 '깨어 있는 시민의 조직화된 힘'의 필요성이다. 배타적 태도 또한 경쟁 과정이며 권력투쟁의 보편적 현상이라 볼 수도 있다. 그러나 집권 세력의 배타적 국가 운영은 차원이 다르다. 국가 전체를 조직화된 소수의 뜻대로 끌어가려 한다면 독선, 독재가 된다.

민주주의 사회는 다양한 견해가 표출되고 경쟁하면서 민주적 여론이 형성될 수 있어야 한다. 집권 세력이 이견을 배제하고 억압하면 민주적 공론장이 작동되기 어렵다. 더구나 반대쪽을 절대 악으로 규정한다면 문제는 더 심각해진다. 그게 파시즘이다. 다양성이 확대되고 포용 역량이 증대될 때 민주주의는 발전한다. 경쟁 과정의 공방을 넘어선 배타적 태도와 문화는 민주주의에 배치된다. 물론 직접적인 테러를 동원한 파시즘이 아니고 문자나 인터넷 댓글 등을 통한 억압이다. 윤평중 교수 등은 이를 '연성 파시즘'이라 규정했다.•

• "윤평중 칼럼: 문재인 정권의 연성 파시즘", ≪조선일보≫, 2020.8.14.

문재인 대통령은 이 문제에 대한 심각성을 간과했는지, 아니면 달리 보았는지 모르겠다. 그런데 집권 말에 문 대통령은 극단주의, 포퓰리즘, 혐오와 증오 등을 민주주의에 대한 도전이라고 지적했다. 2021년 12월 미국 바이든 대통령이 주도한 '민주주의 정상회의(Summit for Democracy)'에서 다음과 같이 강조했다.

인류가 민주주의와 함께 역사상 경험한 적이 없는 번영을 이루었지만, 포퓰리즘과 극단주의, 불평등과 양극화, 가짜뉴스, 혐오와 증오 등 도전에 직면해 있다. …… 민주주의를 지켜낼 방안에 대해 진지한 논의가 필요한 때.

문재인 정권의 문제로 지적되어 왔던 사안을 문 대통령 스스로 민주주의의 과제라고 역설했다. '유체이탈'의 발언이라고 비판받을 만했다.

문 대통령은 임기 5개월을 남기고 단행한 박근혜 전 대통령 사면을 두고도 통합의 정치를 강조하며 사면의 배경을 이렇게 말했다. "생각의 차이나 찬반을 넘어 통합과 화합, 새 시대 개막의 계기가 되기를 바랍니다. …… 이제 과거에 매몰되어 서로 다투기보다는 미래를 향해 담대하게 힘을 합쳐야 할 때입니다. 특히 우리 앞에 닥친 숱한 난제들을 생각하면 무엇보다 국민통합과 겸허한 포용이 절실합니다."

집권 말이 아니라 집권 기간 내내 스스로 실천했어야 할 국정 운영 철학이고, 리더십이었다. 2022년 신년사에서도 증오의 정치를 비판하며 통합을 강조했다. 20대 대선을 앞두고는 "적대와 증오와 분열이 아니라 국민의 희망을 담는 통합의 선거가 되었으면 합니다"라고 했다.

2022년 5월 9일 마지막 퇴임 연설에서 또 그랬다. "국민의 마음을 하나로 모으는 것이 무엇보다 중요합니다. 선거 과정에서 더욱 깊어진 갈등의 골을 메우며 국민통합의 길로 나아갈 때 대한민국은 진정한 성공의 길로 더욱 힘차게 전진할 것입니다."

자성하는 내용을 함께 담았다면 좀 더 설득력이 있었을 것이다.

포용과 통합의 정치를 늘 강조하는 이유는 역설적으로 그만큼 어려운 것이기 때문인지도 모른다. 그래서 목표로 내세우고 노력했지만, 현실의 결과는 아쉬운 경우가 많을 것이다. 문재인 대통령은 취임사와 정권 말기에 포용과 통합을 역설했지만, 실제 집권 기간에는 포용의 국정 운영 의지보다 오히려 정의 독점의 배타적인 리더십으로 분열 정치의 축이 되었다.

문재인 대통령은 취임 초에 '자신이 옳다고 해서 일방적으로 하지 않고, 국민의 뜻에 따르고 국민의 눈에 맞추겠다'고 민주적 리더십을 설파했다. 노무현 전 대통령 8주기 추도사의 한 대목이다.

개혁도, 저 문재인의 신념이기 때문에, 또는 옳은 길이기 때문에 하는 것이 아니라, 국민과 눈을 맞추면서, 국민이 원하고 국민에게 이익이기 때문에 하는 것이라는 마음가짐으로 나가겠습니다. 국민이 앞서가면 더 속도를 내고, 국민이 늦추면 소통하면서 설득하겠습니다.

추도 분위기 속에 언급한 민주적 리더십의 원칙은 감동을 줄 만했다. 김대중 전 대통령의 이른바 '반걸음의 리더십'과 궤를 같이하는 민주적 리더십, 통합의 리더십이었다. 그런데 실제 집권 기간에는 오히려 신념을 일방적으로 밀어붙였다.

국정 운영 방식과 리더십이 관건

나는 늘 집권 세력을 평가할 때는 정책 내용 이전에 국정 운영 방식과 리더십이 관건이라고 말해왔다. 당내 후보 경선이든 대통령선거이든, 실제는 정책 경쟁에는 이르지도 못하면서 정책 대결만 강조하는 기계적 풍토가 항상 아쉬웠다. 알다시피 "인사가 만사"라고들 하지 않는가. 국민의 대리인으로서 국민의 의견을 어떻게 수렴할 것인가 하는 국정 운영 방식이 중요하다. 리더십의 실패가 곧 정치의 실패다.

정치적 실패는 정책도 어렵게 만든다. 물론 민주적 리더십의 한계를 정책의 성과로 대체하는 경우도 있다. 박정희 정권 등 산업화를 주도했던 권위주의 정권이 그랬다. 그러나 이제 민주적 리더십과 소통의 국정 운영이 기본으로 되어 있다. 탄핵 정국이 남긴 과제도 소통과 통합의 리더십이었다. 그런데 문재인 정부의 파당적 리더십은 정책적 독선과 그에 따른 실패로 이어졌다.

부동산 정책, 소득주도성장, 탈원전 정책이 그랬다. 문재인 정부는 정의 독점의 사고로 이견을 봉쇄하거나 무시했다. 부동산 문제에 대한 정부의 연이은 대책이 효과를 보지 못하고 오히려 아파트값이 폭등하는 상황에서도 "부동산만큼은 자신 있다"라는 말을 반복했다. 그러더니 정권 말기인 취임 4년 기자회견에서야 비로소 "부동산 부분만큼은 정부가 할 말이 없는 상황이 되었다"라고 했다. 집권 민주당 진영에서도 2021년 4·7보궐선거와 20대 대선 패배의 가장 큰 원인으로 부동산 정책의 실패를 언급하며 자성했다. 그런데 또 문재인 대통령은 퇴임을 앞둔 2022년 4월 25일 방영된 손석희와의 TV 대담에서 부동산 정책 실패 책임을 인정하지 않았다. "부동산 가격의 폭등은 전 세계적인 현상이고 적어도 우리와 비슷한 수준의 나라들 가운데서는 우리나라의 부동산 가격 상승 폭은 가장 적은 편에 속한다.”

‘유체이탈 화법’ 또는 ‘거울 보고 딴 말 하기’가 한두 번이 아니었다. 정의 독점 사고의 리더십으로 비판받았던 그 자신이 2022년 4월 한동훈 법무장관 후보자를 향해 “대한민국의 정의를 어떤 특정한 사람들이 독점할 수는 없는 것”이라며 비판했다. 당연한 상식이기 때문에 인용할 만했지만, 문재인 정부 스스로가 집권 기간 내내 그런 상식에 반하는 집단에 휩쓸려 왔었다. 권력에서 물러날 시점이 되자 권력의 위험성을 다시 인식하는 것으로 보이기도 했다.

문재인 정부에서 탄핵 쟁점과 다른 차원의 대표적인 정책은 ‘일자리 정부’와 ‘소득주도성장’이었다. 문 대통령은 후보자 시절 ‘당선되면 일자리위원회를 설치하고 집무실에 상황판을 만들어 매일매일 점검하겠다’는 공약을 내걸었다. 대통령 당선 직후 가장 먼저 하고 싶은 일로 ‘집무실에 일자리 상황판을 만드는 것’을 꼽았다. 후보 시절 ‘일자리 100일 플랜’을 발표했던 문 대통령은 실제로 취임 첫날 일자리위원회 설치를 지시했다. 첫 업무 지시였다. 취임 2주차에 청와대 여민관 집무실에 ‘대한민국 일자리 상황판’을 설치하고 출입기자단에 공개했다. 일자리 정책에 최우선 순위를 두겠다는 의지의 표현이었다. 비정규직의 정규직화 등을 통해 일자리 질의 개선도 목표로 밝혔다.

그런데 그 의지만큼 큰 효과를 거두지는 못했다. 2021년 말 기준으로, 문재인 정부 4년 동안 일자리가 조금은 늘었다. 그러나 주36시간 이상의 전일제 일자리는 감소했고, 단기직과 공공 일자리가 이를 대체하면서 전체적으로 수치가 늘었을 뿐이다. 일자리 정책의 저조한 효과가 코로나19 팬데믹 상황이나 외적 환경에서 비롯된 불가피한 결과였는지, 효과보다 부작용이 컸다고 평가받는 문 정부의 '소득주도성 장론' 경제 정책 때문이었는지는 더 따져봐야 할 사안이다. 문재인 집 권 동안 여당이었던 민주당은 2022년 야당이 된 후 당의 강령에서 소 득주도성장이라는 용어를 삭제했다.

선악의 정치와 민낯의 권력투쟁 전략

문재인 정부의 가장 큰 아쉬움은 정책 방향이나 내용 이전에 집권 전 략 차원에서 국정을 보는 상황이 너무 두드러졌다는 것이다. 20년 집 권론, 100년 집권론을 노골적으로 말했다. 정치에는 적과 동지로 구분 되는 진영 논리와 권력투쟁의 속성이 있기는 하다. 그렇지만 국정을 책임지는 세력은 이를 넘어서는 통합 노력과 공적 명분을 토대로 해야 한다. 문재인 정부에서는 민낯의 권력투쟁이 노골적으로 표출되어 패 거리정치로 비판받기도 했다. '우리는 절대 선, 상대는 절대 악'이라는 선악의 정치의식이 팽배했다. 상대를 악마로 규정하는(demonization) 포퓰리즘 정치는 오늘날 국제적으로도 민주주의를 후퇴시키는 대표적 인 요소로 지적되고 있다.

집권 초 소득주도성장과 더불어 적폐청산, 한반도 평화의 남북 관계 는 국정 운영의 중요한 이념이자 공적 명분이었다. 문재인 정부 1호 국 정 과제였던 적폐청산은 신적폐로 '내로남불'이 되었고, 개혁은 '조국 수 호' 때부터 진정한 개혁보다는 진영 이익과 권력투쟁의 선전 구호가 되 어버렸다. 문재인 정부 전반기에 주요 국정 동력이 되었던 남북 관계는 '판문점의 봄' 이벤트의 추억을 이어가지 못한 채 다시 원점이 되었다.

국정농단 교훈과 적폐청산

문재인 정부의 출범 초기 동력은 적폐청산이었다. 국정농단 실상을 보면서 나라를 다시 세워야 한다는 국민적 열망을 담은 것이기 때문에 국민의 호응도 컸다. 탄핵 직후 구속·수감된 박근혜 전 대통령에 이어 이명박 전 대통령까지 구속된다. 이명박 대통령이 구속되자 그쪽 진영을 중심으로 "적폐청산의 미명하에 정치보복이 이뤄지고 있다"라는 항변이 제기되었다. 그러나 촛불 정국의 흐름과 더불어 국민 다수는 적폐청산론에 공감했다.

집권 초 지지를 받았던 문재인 정부의 적폐청산론은 이른바 '조국사태'를 계기로 동력을 잃었다. 적폐청산 구호를 내세웠음에도 낙하산 인사, 독단적 국정 운영과 불통 등 이전 정부에서 문제가 되었던 적폐를 스스로 재현했다. 적폐청산 구호의 소구력은 점차 약화되었다. 그러나 탄핵에 대한 대체 열망, 그리고 새로운 남북 관계에서 비롯된 문 대통령에 대한 높은 지지를 바탕으로 집권 2년을 주도했다.

그러나 새로운 차원의 협력 분위기처럼 보였던 남북 관계가 원점으로 돌아간 가운데, 부상한 '조국사태'는 문 정부에 대한 비판 여론이 우세해지는 변곡점이 되었다. 홍위병식 여론몰이에 토대를 둔 국정 운영은 점점 어려워졌다. 강경 지지 세력에 의존한 동원정치는 반민주적 분열의 정치였다. 관변 언론을 장악한 김어준류의 나는 꼼수다(나꼼수) 출신들과 유시민을 비롯한 친문 세력이 이 여론전을 주도했다. 우리의 정치 언론 풍토를 탈진실의 포퓰리즘과 반지성주의 진영화로 가속화했던 핵이었다.

포퓰리즘과 나꼼수식 프로파간다

2020년 초에 시작된 코로나 팬데믹 초기 국면에서 문재인 정부는 국민적 위기 극복의 구심이 되면서 지지를 받았다. 이를 토대로 2020년 4월 15일 치른 21대 총선에서 민주당이 압도적 승리를 거두기도 했다. 그러나 코로나 팬데믹 상황이 장기화되면서 오히려 국정 운영에 부담이 되었다. 독선, 위선을 뭉개고 왔던 홍위병식 권력정치와 나꼼수식 프로파간다는 오히려 민심 이반의 요인이 되었다. 민주적 의견 수렴과 자기 조정 기제를 봉쇄한 유사 파시즘식 동원정치의 실패였다. 결국 2021년 4·7 보궐선거에서 민심의 심판을 받는다. 2016년 20대 총선 이래 각종 선거에서 전승해 왔던 문재인 정부와 여당에 대한 민심 이반이 4·7 보궐선거에서 처음으로 확인된 셈이었다.

문재인 정부 집권 세력의 자산은 촛불 민심의 에너지, 국가기구를 장악한 집권 권력, 그리고 열성적인 지지 세력이었다. 그러나 국민의 다수 민심이었던 촛불 민심은 아전인수의 권력 구호로만 활용되었다. 집권 권력은 국민 다수에 호응하는 자원으로 활용되지 못하고 권력투쟁과 이권 카르텔의 도구로 쓰였다. 그 일부가 윤석열 정부에서 논란의 꼬투리가 되고 있다. 열성적인 지지 세력을 기반으로 하는 포퓰리즘은 국민 다수를 포용하지 못했다. 야당이었을 때와 달리 집권 세력은 국민 전체를 대변하고 책임지는 통합적 역할을 수행해야 한다. 여야의 위상과 역할은 다르다. 문재인 정부는 역할에 대한 인식 전환을 제대로 하지 못했다.

02

비호감 대선에서 신승한
윤석열 정부

최악의 20대 대선 정국

문재인 정부의 부동산 정책에 대한 국민 불만이 커지고 집권 전략이 힘을 잃은 가운데 20대 대선 국면을 맞았다. 20대 대통령선거 국면에서 가장 큰 특징은 문재인 정부의 주요 인사들이 여당 후보가 아닌 야당 또는 무소속 후보로 나섰다는 점이다. 경제 정책 최고 책임자인 경제부총리, 사정행정 최고 책임자인 검찰총장과 감사원장이 대선 후보에 도전했다. 특히 검찰총장 출신의 윤석열과 감사원장 출신의 최재형은 문재인 정부를 성토하며 제1야당 국민의힘에 입당해 후보 경선에 참여했다. 물론 역대 선거에서도 여야 인사들의 이합집산은 있었다. 그렇지만 문재인 정부 인사들의 야권행은 그 정도가 달랐다.

당시 여당인 민주당에서는 야권에 합류한 인사들의 무책임과 비윤리를 언급했다. 그러나 윤석열 등이 대통령 후보로서의 역량과 무관하게 문재인 정부에 맞서는 것만으로도 지지를 받던 양상으로 미루어, 문재인 정부에 대한 비판 여론이 이들의 야권행을 부추겼다고 보는 것이 타당하다. 대선 후보로 나선 인사들 외에도 문재인 정부의 초대 육·해·공군 참모총장 모두가 야당 후보 진영에 합류하는 등, 문재인 정부 인사들의 이탈 전향은 매우 심했다.

결국 문재인 정부 검찰총장 출신이 제1야당 후보로 선출되어 대통령에 당선되었다. 문재인 정부의 여권에서 0.73%의 근소한 차로 졌다고 위로할 수 있는 형편은 아니었다. 정권교체론이 여론을 압도하고, 대장동 의혹으로 여당 후보에 대한 신뢰가 떨어진 상황에서 0.73% 차로 간신히 이긴 야당 후보 또한 마찬가지였다. 박빙으로 승리한 후보나 패배한 후보 모두 자성할 점이 많은 20대 대선이었다.

반지성주의 성토한 윤석열 대통령 취임사

2022년 5월 10일 국회에서 취임식을 한 윤석열 20대 대통령은 취임사에서 전 정부의 집단주의와 국가주의를 비판하며, 자유를 강조했다. "인류 역사를 돌이켜보면 자유로운 정치적 권리, 자유로운 시장이 숨 쉬고 있던 곳은 언제나 번영과 풍요가 꽃피었습니다." 윤석열 대통령의 취임사에서 나왔던 '반지성주의' 비판과 진실에 근거하지 않은 정파적 집단주의 지적은 주목할 만했다.

국가 간, 국가 내부의 지나친 집단적 갈등에 의해 진실이 왜곡되고, 각자가 보고 듣고 싶은 사실만을 선택하거나 다수의 힘으로 상대의 의견을 억압하는 반지성주의가 민주주의를 위기에 빠뜨리고 민주주의에 대한 믿음을 해치고 있습니다. 이러한 상황이 우리가 처해 있는 문제의 해결을 더 어렵게 만들고 있습니다.

반지성주의란 미국에서 1950년대 등장한 매카시즘이나 근래에 등장했던 트럼프의 포퓰리즘을 지칭하는 개념이다. '진실이나 공공선에 근거하지 않는 사이비종교 같은 집단주의나 그 풍토'를 지칭하는 개념으로 볼 수 있다. 이런 맥락에서 윤석열 신임 대통령이 최근 한국 사회의 상황을 반지성주의로 진단한 것은 적절해 보인다. 다만 우리나라에서 지성은 지적 수준이나 품격을 연상시킨다. 이 점을 토대로 민주당에서는 검찰 경험이 바탕을 이루는 윤석열 정부를 향해 오히려 반지성 세력이라고 역공을 취했다.

실제로 윤석열 대통령의 정제되지 않은 발언과 품격 논란은 자신의 반지성주의 비판을 무색케 했다. 유사 종교 집단이 되다시피 진영화된 정치 세력, 근거 없는 음모론으로 지성을 대체하는 포퓰리즘, 품격 낮은 민낯의 권력정치 모두 우리 정치의 중심부에 포진해 있는 반지성주의 양상이다.

문재인 정부의 김부겸 총리는 임기를 마감할 무렵 ≪한국일보≫와의 인터뷰에서 민주적 공론장이 불가능한 우리의 정치를 한탄했다.

정치를 하면 한 진영에 속해야 하고, 우리 진영에서 박수받으려면 상대편을 가차 없이 욕해야 한다. 지금 정치를 더 하려면 우리 편은 무조건 옳고 상대편은 무조건 나쁘다고 해야 한다. 이런 정치를 계속해야 하나, 제2의 삶을 준비하겠다. 당분간은 정치물을 빼려 한다.

민주주의는 이견이 자유롭게 소통하는 공론장이 형성될 수 있어야 한다. 이것이 불가능하면 전체주의가 된다. '반지성주의'를 비판하며 출범한 윤석열 정부가 '반지성주의'와 흑백논리의 양극화 정치를 개선하는 전기가 될 수 있을지 지켜볼 일이다.

대선 이후에도 이어진 비호감 경쟁

윤석열 정부 출범과 함께 단행된 인사와 그 과정에서 보여준 대통령의 리더십은 기존 정치를 전환할 만큼 감흥을 주지 못했다. 윤 대통령은 역대 최저 지지를 받으며 출발했다. 취임 직전 실시한 조사에서는 윤석열 당선인의 국정 운영에 거는 기대가 퇴임하는 문재인 대통령에 대한 지지보다 낮게 나왔다. 2022년 5월 첫째 주 갤럽여론조사에서 윤석열 당선인이 "잘하고 있다"는 응답은 41%, 반면에 "못하고 있다"는 응답은 48%였다. 같은 조사에서 문재인 대통령의 국정 지지도는 45%였다. 이례적이었다. 다른 조사 결과도 윤석열 정부에 대한 긍정적 전망은 50% 정도였다. 역대 정부 출범기에 70~80% 정도가 기대 섞인 지지를 보냈다. 이에 비하면 윤석열 정부에 대한 기대 평가는 정말 저조하다.

물론 예전과 달리 진영화가 더 강화된 최근의 한국 정치 상황이 반영된 측면도 있다. 선거 당시의 대립 구도가 선거 후에도 그대로 이어졌다는 것이다. 그렇더라도 새 정부의 출범과 더불어 자연스럽게 나타나는 출범 기대 분위기는커녕, 당선 득표율보다 저조한 기대 지지율은 초유의 일이다. 윤석열 정부에 대한 실망이 표출된 것이다. 대부분의 여론조사에서 인사 문제를 실망의 가장 큰 요인으로 답했고, 전문가들은 새로운 기대감을 주는 정부의 메시지 자체가 없다고 지적했다.

거의 유일하게 주목받았던 이른바 '도어스태핑'도 초기에는 긍정적 효과보다 준비 안 된 부작용이 더 컸다. 정치 무경험의 대통령이 지닌 양면성, 즉 참신함과 미숙함 중에서 미숙함이 두드러졌다. 그의 대표

경력인 검찰 경험은 집권 초 장점으로 작용하기보다 대통령직에 어울리지 않는 언행의 배경이 되었다는 것이 대부분의 해석이다. 획일주의와 통제에 익숙한 검찰문화와 상반될 수도 있는 포용과 협상의 정치 리더십도 윤석열 대통령이 풀어가야 할 과제다.

긍정적인 기대보다 부정적 평가가 더 큰 여론 분위기로 출발한 윤석열 정부는 급기야 출범 80일째 갤럽여론조사에서 긍정 평가가 28%로, 그다음 주에는 24%로 추락했다. 이후 한 달여 동안 긍정 평가는 30% 내외로 저조했다. 집권 초 이런 위기의 지지율은 2008년 5~6월 이명박 정부의 쇠고기 수입 협상을 놓고 일어난 광우병 파동 같은 특수한 경우를 제외하고는 처음이었다. 비호감 경쟁의 대선에서 상대적으로 승리했지만, 집권 이후에는 절대적인 평가와 마주하고 있다. 윤석열 정부는 문재인 정부에 대한 반발을 넘어서 역량과 비전을 보여줘야 한다.

윤석열 정부에 대한 실망은 야당이 된 민주당에는 상대적 기회일 수 있다. 그러나 대선 당시의 비호감 경쟁 구도가 6월 지방선거 때에도 그대로 재현되었다. 대선에서 패배했던 이재명 후보가 논란의 보궐선거에 출마해 민주당 지방선거의 중심에 섰다. 더구나 이재명 후보의 비상식적 지역구 선택과 민주당의 무리한 '검수완박' 추진 등이 비판 여론을 가중시키면서 민주당은 지방선거에서 대패한다. 그런데도 이재명 후보가 국회의원 보궐선거에 당선되고 당대표로 선출되면서 당을 상징하는 구심점이 되었다. 대통령 윤석열, 제1야당 대표 이재명, 대선 시기의 비호감 대결 구도가 완연히 재현되는 상황이다. 대선을 거치며 정치 혁신이 이뤄진 것이 아니라, 오히려 비호감의 양대 세력이 그대로 우리 정치를 주도하는, 한국 정치의 퇴행이 우려된다.

정치의 사법화, 사법의 정쟁화

윤석열 대통령의 미국 방문 당시 비속어 발언 논란과 그 발언에 대한 조작 보도 의혹을 둘러싸고 '국민의힘'에서 방송사와 관련자들을 고발했다. 민주당은 그 전에 윤석열 대통령의 재산(김건희 여사의 고가 장신구) 신고 누락, 허위 발언 등을 주장하며 여러 차례 고발한 바 있다. 정치권의 이런저런 일들이 고발 수사 의뢰, 사법적 판단 대상이 되어 있다. 심지어 국민의힘 내부에서는 비상대책위원회 구성의 적법성을 둘러싸고 가처분 신청이 반복되었다. 그런가 하면 이재명 민주당 대표와 관련된 수사를 두고 정치권의 공방이 끝없이 계속되고 있다.

서로 성격이 조금 다른 사안들이다. 한쪽은 정치권의 일들이 사법화되는 현상이고, 다른 한쪽은 사법적인 사안이 정치권의 정쟁거리가 되는 일이다. 정치의 사법화와 사법의 정쟁화다. 둘은 서로 엮여 있기도 하다. 최근 들어 왜 이런 양상이 더 두드러질까?

먼저 정치의 문제 해결 능력 부족을 들 수 있다. 정치는 갈등 표출의 영역이면서 그 문제를 해결하는 과정이기도 하다. 갈등만 표출되고 문제 해결 기능, 즉 조정과 통합 기능을 수행하지 못한다면 정치는 실종된다. 내각제에서는 정치가 해결 기능을 못 하면, 정치의 주체인 의회를 해산하고 새롭게 구성하기도 한다. 최근 정치 과잉이라 할 정도로 정치적 쟁점이 우리 사회를 휘감고 있다. 그러나 양극화된 세력은 서로 끊임없이 충돌하다 사법적 판단에 그 문제를 맡긴다. 이른바 정치의 사법화다.

그러나 극단화된 진영 논리는 사법적 판단으로도 정리되지 않는 경우가 적지 않다. 대법원이나 헌법재판소의 최종 판결을 두고도 정파적으로 해석하며 정쟁거리가 된다. 재판 결과를 정파적 정의로 아전인수 재단한다. 정치 세력이 교조적 종교 집단처럼 되어버렸다.

사법부 스스로도 정파성 논란에서 자유롭지 못했다. 사법부의 최고 권위인 대법원장 체제가 적폐청산 대상이 되었고, 대체된 후임 대법원장은 정파성 논란에서 자유롭지 못했다. 사법적 판단마저 정쟁의 대상이 되니, 사회적 상식이나 합의도 정치 진영에 따라 다른 세상이 되고 있다. 사회적 여론 형성의 매개 역할을 하는 언론도 정언유착, 검언유착이라고 하며 여야가 상호 공방을 벌인다. 여기에 가짜뉴스 공방까지 더하고 있다.

의회정치 경험이 전무한 검찰총장 출신 대통령, 그리고 대선 후보 시절부터 사법적 논란이 된 제1야당 대표라는 특수한 정치 상황 또한 정치의 사법화와 사법의 정쟁화를 더욱더 두드러지게 한다. 설득과 타협, 양보에 의한 해법보다 사법적 응대로 돌파하려는 집권 세력의 검찰주의적 관성, 사법적 문제가 정리되기 전까지는 쟁점이 될 수밖에 없는 야당 대표의 사법 리스크, 이 둘이 충돌하는 상황이 당분간 지속될 것으로 보인다. 집권 세력의 법치주의란 법으로 응대한다는 차원보다는 법의 범위에서 절제된 권력을 행사해야 한다는 의미임을 되새겨야 한다. 또한 야당 대표의 사법 리스크는 정쟁화로 해결될 수 있는 사안이 아니다.

03

적폐청산, 개혁과 정치보복 논란

문재인 정부 1호 국정 과제, 적폐청산

윤석열 정부가 들어서면서 전 정권 인사에 대한 수사가 진행되는 것을 두고 민주당에서 정치보복, 정치 탄압이라고 항변하고 있다. 여당 쪽에서는 전 정부에서 비호받아 온 권력 비리 혐의에 대한 수사가 이제 정상적으로 진행되고 있을 뿐이라고 답한다. 딱 4~5년 전, 문재인 정부의 적폐청산을 두고 이명박 전 대통령 진영이 정치보복이라고 항변했던 상황이 평행 이론처럼 재현된다. 살아 있는 정권, 물러간 정권 사이에 돌고 도는 씁쓸한 모습이기도 하지만, 그나마 권력 교체를 통해 권력에 대한 견제가 이뤄질 수 있는 메커니즘이기도 하다.

문재인 정부가 내세웠던 100대 국정 과제 중 1호가 적폐청산이었다. 적폐청산은 탄핵 정국에서 "이게 나라냐"라는 촛불 시민들의 한탄과 분노에서 '나라다운 나라'로 가기 위한 과제로 나왔던 구호였다. 적폐는 말 그대로 누적된 과거의 잘못된 관행, 부패, 비리 등의 폐단을 말하는 것이었고, 이를 청산해야 한다는 적폐청산이었다. 당연한 개혁 과제였다.

역사에서 이런 적폐청산과 유사한 단죄나 개혁 작업은 매우 보편적인 일이다. 우리의 현대 정치사만 보더라도 일본제국주의의 패망 이후 친일청산이 있었고, 4·19 이후에는 부정선거와 부패 관련자 처벌 운동이 있었다. 혁명을 표방했던 5·16 세력들은 구악일소를 내걸었고, 신군부의 5공화국은 '사회정화'를 내걸었다. 민주화 이후에는 사회를 정화하겠다고 나섰던 그 5공화국 세력의 죄를 묻는 '5공청산'이 있었고, 그다음 김영삼 정부 때는 '역사바로세우기'가 있었다. '적폐청산' 구호는 과거에도 종종 있었겠지만, 2014년 세월호 참사 직후에 박근혜 대통령이 우리 사회의 개혁을 '적폐청산'이라는 용어로 지칭하면서 부각되었다.

그동안 일제의 패망, 4·19, 5·16, 민주화 같은 급격한 정치 변동이나 큰 사건을 겪으면서 개혁 과제로 "구악청산", "적폐청산" 같은 구호가 등장했다. 가장 급격한 정치 변동을 우리는 혁명이라 부르기도 한다. 문재인 대통령은 선거를 통해 당선되었지만, 촛불시위와 탄핵 정국의 과제를 안고 출범했다. 이를 혁명에 준하는 급격한 정치 변동으로 보아 '촛불혁명정부'라는 표현을 쓰기도 했다. 물론 앞서 지적했듯이 촛불 민심을 독점한 혁명정부라는 의미로 쓴다면 적절한 개념은 아니었다.

정의와 사회정화 내건 5공, 다시 '5공청산'

집권 시기에는 청산의 주체였다가 몰락 이후 다시 청산의 대상이 된 대표적인 경우가 전두환 정권이다. 전두환의 5공화국 정권은 구악청산과 사회정화를 집권 초 국정 의제로 삼았다. 반대 세력을 무력화할 수단이라는 성격이 강했다. 그러나 다음 정권인 노태우 정부에서는 민주화 흐름과 함께 직접적인 청산 대상이 되었다. 이른바 '5공청산'이다. 전두환 정권의 비리는 김영삼 정부에서는 '역사바로세우기'를 통한 청산 대상이 되어 노태우 대통령과 함께 사법적 처벌까지 받았다.

적폐청산을 제1의 국정 과제로 내걸었던 문재인 정권 세력 또한 윤석열 정부에서 청산 도마에 오르고 있다. 청산 구호만 외쳤지 실제 성과는 없는 경우도 있었고, 기존 세력의 폐단은 처벌했지만 막상 자신들은 그런 행태를 반복하는 '내로남불'인 경우도 적지 않다.

역사의 정치혁명 과정에서 보면 그런 경우가 허다하다. 민주주의를 내걸고 혁명을 한 세력이 자신들은 독재를 하는 그런 양상이다. 대표적으로 프랑스 혁명 직후에 그랬다. 물론 나름대로 명분과 이유는 있다. 그렇게 하지 않으면 반혁명 세력의 반동이 나오기 때문이라는 것이다. 그래서 혁명 직후 정국은 대개 급진파가 주도한다. 그러다 점차 신임을 잃고 온건파가 주도권을 갖는 경향이 있다는 혁명의 일반 이론까지 있다. 익히 알다시피 프랑스 혁명 정국 초기에 로베스피에르 (Maximilien Robespierre)와 같은 급진파가 이른바 공포정치를 주도하다가 반대파에 의해 처형되었다.

문재인 정부의 적폐청산은 촛불과 탄핵 정국을 거치면서 '나라다운 나라'라는 국민적 요구를 배경으로 등장했다. 당시의 적폐청산은 세 가지 측면에서 볼 수 있다. 먼저 박근혜 정부 시기의 국정농단을 중심으로 한 적폐의 청산이다. 대통령 탄핵이 이뤄졌고, 이미 사법적으로 진행되고 있는 상황이었다. 또 하나의 과제는 기존의 적폐 못지않게, 새로운 권력 또한 기존 정권이 답습한 잘못된 관행을 반복하지 않는 것이다. 그리고 무엇보다 중요한 것은 제도적으로 적폐청산을 뒷받침하는 것이다. 적폐라고 비판하지만, 권력의 속성상 나올 수밖에 없는 권력의 오남용에 대한 위험성은 상존하기 때문에 제도적으로 대비책이 있어야 한다. 이 세 차원의 조치가 종합적으로 이뤄져야 한다.

정치보복이라 항변하는 구정권 세력

문재인 정부 초기 적폐청산은 기존 정권에서 있었던 적폐를 드러내고 단죄하는 작업이었다. 당연한 조치이지만, 잘못된 관행의 누적이라는 점에서 양면성이 있었다. 이제는 반드시 청산해야 할 대상이지만, 누적된 관행이기 때문에 정도에 따라 관용이 필요하다는 인식도 있었다. 그래서 엄격한 청산을 강조하는 쪽도 있고, 새로운 권력의 몸가짐과 제도화가 중요하다고 주장하는 쪽도 있었다. 몰락한 정권 쪽에서는 새로운 정권이 이현령비현령식으로 과도하게 단죄하고 있다고 불평했다. 무엇보다 이명박 전 대통령 쪽에서 적폐청산이 아니라 정치보복이라고 항변하고 성토했다.

최근 민주당 쪽에서 윤석열 정부의 구정권 인사 수사를 두고 "정치탄압", "정치보복"이라고 항변하는 양상과 비슷했다. 다만 당시에는 이명박 전 대통령 세력이 정치적 힘을 완전히 잃은 상태였던 반면, 지금은 민주당이 정권을 넘기기는 했지만 국회에서 제1당 자리를 차지할 만큼 영향력을 가지고 있다. 더구나 이재명 당대표, 그리고 당의 진로까지 맞물려 있어 민주당의 반발은 문재인 정부 시기 적폐청산 때의 반발보다 훨씬 거세다.

문재인 정부 초기에 있었던 적폐청산이냐 정치보복이냐 하는 논란에 대해 국민 다수는 정치보복보다는 적폐청산으로 받아들였다. 2017년

10월 13일 실시한 리얼미터 조사에 따르면 응답자의 65.0%가 적폐청산, 26.3%가 정치보복으로 본다고 답했다. 물론 이 수치는 문재인 대통령의 국정 수행에 대한 지지도가 높았던 시기라는 점을 참고해서 봐야 한다.

그런데 적폐청산을 내건 문재인 정부의 인사 및 행태가 구체화되면서 적폐청산이 이른바 '내로남불' 아니냐는 이야기가 불거지기 시작했다. 지난 정권의 적폐를 청산하겠다면서 자신들은 그대로 답습하는 데 대한 반발과 비판이다. "'낙하산 인사'를 그렇게 비판하더니 낙하산 인사는 그대로다." 늘 정권에 종속되어 왔던 공영 언론의 적폐는 더 심해졌다는 비판도 나왔다. 사실 과거 청산 못지않게 스스로의 적폐청산 태도가 오히려 더 중요할 수 있다. 적폐는 권력에 의해 남용되고 은폐되면서 누적되어 왔던 것이고, 권력이 힘을 잃었을 때 논란이 되어 왔기 때문이다.

새로운 권력 스스로가 적폐와 단절한다면 이제부터 적폐와의 단절은 시작될 수 있다. 그리고 제도적으로 정착시키는 것이 남은 과제다. 살아 있는 권력의 자기 정화가 동반되지 않으면, 자칫 청산이 실질적인 개혁 성과보다는 반복되는 권력투쟁의 도구에 불과할 수 있다. 사실 우리 정치 역사에서도 그런 경향이 적지 않았다. 물론 권력투쟁의 반복일지라도 새 정권이 이전 정권의 잘못된 관행을 청산하는 것만으로도 살아 있는 권력자들이 조심하게 되는 효과가 있을 것이다. 정권교체가 만드는 민주주의 원리이기도 하다. 그래도 '내로남불'보다는 살아 있는 권력에 대한 견제와 제도화가 이상적인 방향이라 하겠다.

윤석열 정부로 정권이 교체되자 적폐청산을 제1의 국정 과제로 삼았던 문재인 정부 세력 쪽에서 정치보복론을 꺼내고 있다. 윤석열 정부는 집권 과정에서부터 문재인 정부가 정권 세력의 부정 비리를 비호·은폐해 왔다고 성토했다. 과도한 이념 정책을 추진하면서 자료 조작, 부당한 인사 조치 등 권력을 남용했다고 비판했다. 무엇보다 대선 과정에서 제기되었던 이재명 대통령 후보에 대한 여러 의혹에 대해 현재 수사가 진행되고 있다. 정치보복론에 맞서 적폐청산의 당위론을 역설했던 문재인 정부 쪽에서, 이제 정권을 잃은 후 정치보복론을 꺼내는 상황이 재현되고 있는 것이다.

윤석열 정부가 출범한 지 40여 일 지난 시점에 실시한 여론조사에서 적폐청산론과 정치보복론에 대한 지지율은 비슷한 수치를 기록했다. 뉴스토마토가 2022년 6월 21~22일 전국 1060명을 대상으로 한 조사에서, 최근에 진행되는 정치권에 대한 수사를 적폐청산의 일환으로 보는 견해는 44.4%, 정치보복으로 보는 견해는 43.8%였다. 그런데 이재명 의원에 대한 수사에 대해서는 '의혹에 대한 정당한 수사'라는 견해가 52.7%로 높았다. 정치보복이라는 견해는 41.2%였다.

문재인 정부 초기 정치보복 논란 때는 80% 내외에 달했던 당시의 높은 국정 수행 지지도가 문재인 정부의 적폐청산론에 힘을 더 실어주었다. 윤석열 정부는 집권 초 국정 수행 지지도가 30%대에 불과하다. 청산 주체의 낮은 지지도에 비한다면 문 정부 세력에 대한 적폐청산이나 이재명 의원 수사에 대한 동조율은 상대적으로 높은 편이다. 더구나 문재인 정부 시기와 윤석열 정부 시기 여야의 역학관계도 매우 다른 상황이다. 반면에 현재 민주당은 대통령선거에 지면서 정권을 넘겨줬지만, 여전히 국회에서 제1당 자리를 차지할 정도로 영향력이 있는 상황이다.

정치전쟁, 그리고 비호감의 공생

이재명 대표 측근이라는 김용 민주연구원 부원장 체포 이후부터는 당력을 총동원해 정부의 사법 집행에 맞서고 있다. 국정감사에서도 사법 조치에 대한 방어에 올인하고 있다. 서울시청 광장 등에서 열린 탄핵 요구 집회에 민주당 의원들도 가세했다. 총력전, 흡사 전쟁 수준이다. 물론 전쟁은 적대국 사이에 일어나는 국제정치의 마지막 수단이다. 그런 직접적인 전쟁은 아니다. 그러나 더불어 사는 민주공화국인 대한민국의 양대 정치 세력이 마치 전쟁하듯 정치를 한다. 공존과 협치의 상대가 아니라 동지와 적, 선과 악의 대결처럼 되었다. 정치전쟁이다.

민주당 쪽에서는 정치 탄압이라 맞서고, 집권 여당에서는 당대표의 사법 리스크를 당의 위력으로 막으려 하고 있다고 비판한다. 사실 어느 정도 예견된 사법 리스크였다. 민주당이 이재명 의원을 당의 구심점으로 삼은 이후 점차 정치적 수렁으로 빠져드는 느낌이다. 위법 여부에 대한 판단 이전에 당대표 주변의 사법적 논란들이 다른 정치적·정책적 쟁점들을 밀어내고 있다. 이에 따라 윤석열 대통령의 저조한 국정 지지율에도 불구하고, 민주당이 반대급부를 얻지 못하고 있다. 야당의 취약상은 지지율이 저조한 윤석열 대통령에게도 긴장감을 주지 못했다. 역으로 대통령의 저조한 지지율은 민주당의 위기의식도 완충시켰다. 그들만의 정치전쟁을 하면서 비호감의 공생을 하고 있다. 한국 정치의 퇴행이다.

변치 않는 낙하산 인사, 엽관제와 실적제

정권의 낙하산 인사는 늘 논란이 되어왔다. 동서고금을 막론하고 최고의 권력이 바뀌면 세력이 교체된다. 세력 내부에서도 서로 갈등이 생기기도 한다. 알다시피 조선시대 동인과 서인 당파 싸움도 이조전랑 자리를 둘러싼 갈등에서 촉발되었다. 이조전랑은 요즘 같으면 인사위원장 자리다. 오늘날의 대의제에서도 정권교체라는 말이 의미하듯이 정권이 바뀌면 여러 자리가 교체된다. 정권교체에 따라 어느 정도를 교체 대상으로 삼아야 할지가 문제다. 그동안 정권이 교체되면 제도적으로 이뤄지는 교체뿐 아니라, 공기업을 비롯해 광범위한 공적 영역의 임원들이 함께 교체되어 온 것이 현실이다.

정권에 따른 엽관제적 인사는 폐해가 많다고 정치권에서도 늘 지적해 왔다. 그래서 대통령 후보들마다 낙하산 인사를 하지 않겠다고 약속했다. 그러나 이는 후보 시절 구호일 뿐, 집권하고 나서는 낙하산 천지였다. 박근혜 대통령도, 문재인 대통령도 그랬다. 적폐청산을 내건 문재인 정부에서는 좀 더 엄격해야 했지만, 이른바 캠코더(대선캠프, 끼리끼리 코드, 더불어민주당 소속) 인사로 비판받았다.

알다시피 임기가 정해져 있는 자리를 교체하려고 감사를 비롯해 심지어 사법적인 조치까지 의도적으로 압박을 가하는 경우도 있다. 현 윤석열 정부에서도 임기제이면서도 정무적 성격이 강한 자리를 놓고 갈등이 계속되고 있다. 전문직이냐, 정무직이냐는 논란이 될 만하다. 형식상 공개 모집을 하지만 실제로는 정권을 잡은 쪽 사람한테 자리를 주려는 요식행위에 불과한 경우도 허다하다. 최근 정무직 성향의 임기제 자리를 두고, 임기 규정을 좀 더 명확히 할 필요가 있다는 제안도 설득력이 있어 보인다.

　문재인 정부 시절, 정권 측 인사를 무리하게 임명하려다 환경부 장관이 집권 기간 중에 구속되는 일도 있었다. 대선 과정부터 "당선되면 검찰 공화국"이 될 것이라고 상대 진영에서 견제를 받았던 윤석열 정부 또한 검찰 출신 인사가 과도하다는 비판을 받고 있다. 물론 윤 정부 측에서는 이전 정부에 비해 검찰 출신 인사가 특별히 많은 것은 아니라고 말한다. 그러나 대통령의 인재풀과 주도권이 검찰 쪽에 쏠려 있는 경향을 부인하기는 어려워 보인다. 여기에 영부인 김건희 여사 주변 인물들이 대통령실 등에 기용되면서 종종 논란이 불거지기도 했다. 이에 대해 대통령실에서는 해당 분야 전문가를 등용한 것이라고 해명했다. 그러나 대통령 부인 측근 중의 전문가가 아니라, 국민 중에서 전문가를 등용해야 하는 것이 상식이다.

　특정 정책을 내걸고 집권을 했으면 거기에 걸맞은 사람들이 중용되는 것은 당연하다 할 수도 있다. 정권을 더불어 구성하며 그 속성에 맞는 사람들로 교체해야 책임 있는 국정을 할 수 있다는 논리에서 나온 것이 엽관제(spoils system)다. 근대 대의제 체제는 미국의 7대 대통령 잭슨(Andrew Jackson) 시기부터 본격화되었다. 그 이전까지는 정권이 바뀌더라도 기존 정권에서 일했던 사람들을 모두 갈아치우지는 않았다고 한다. 그러다가 잭슨 대통령 때부터 엽관제가 채택된다. 엽관제, 말 그대로 보면 전쟁에서 획득한 전리품(spoils)을 나눈다는 의미다. 그렇다고 미국에서 이 엽관제가 오늘날까지 그대로 이어진 것은 아니다. 엽관제는 많은 문제가 노출되어 개혁 과제가 되었고, 이 제도를 실시한 지 50여 년 만에 비정파적 실적제(merit system) 중심으로 개혁한다. 1883년 팬들턴개혁법(Pendleton Civil Service Reform Act)이 제정된 것이다. 지금도 정권교체와 더불어 많은 자리가 교체되지만, 비정파적인 전문 역량이 존중되는 영역과 엽관제가 적용되는 영역이 어느 정도 구분되어 있다.

애초에 미국에서 엽관제가 채택된 배경에는 국정 운영에 대한 책임론이 자리했다. 책임감을 가지고 노력하고, 결과에 대해 책임지는 것을 말한다. 이 이야기를 하면서 김기춘 전 비서실장이 했던 말이 기억난다. 2017년 6월 28일 블랙리스트 관련 재판 당시 심문에서 김기춘 실장은 대통령을 잘못 모신 책임을 통감한다고 했다. 그러자 특검 측에서 "구체적으로 어떤 일을 잘못 보좌했다는 것이냐"라고 질의했고, 김기춘 전 비서실장은 이렇게 답했다.

> 과거 왕조 시대 같으면 망한 왕조(정권)에서 도승지(비서실장)를 했으면 사약을 받지 않겠느냐. 백 번 죽어도 마땅하다. 무너진 대통령을 제가 보좌했는데, 만약 특검에서 '당신 재판할 것도 없이 사약 받아라'하며 독배를 내리면 제가 깨끗이 마시고 이걸 끝내고 싶다.

물론 그가 농단의 바람막이 역할을 했지만, 이 발언 자체는 낙담한 상황에서 나왔다 해도, 책임 있는 자세라고 할 수 있겠다.

새로운 권력 기반으로 삼은 구악청산론

박정희의 5·16은 반역적 정변으로 규정되지만, 스스로는 혁명으로 내걸었다. 5·16 세력은 한편으론 혁명의 명분대로, 또 다른 한편으로는 정권의 기반을 위해 여러 조치를 취했다.

5·16 세력은 기존 정부 조직을 무력화하고 전권을 행사하는 혁명 조직 '국가재건최고회의'를 가동했다. 거기에서 국가재건비상조치법을 토대로 1962년 3월 16일 '정치활동정화법'이라는 특별법을 만든다. 혁명을 자임하며 자의적으로 만든 법이다. 지금 5·16을 쿠데타로 규정하는 것은 당시의 초법적인 조치들이 역사적으로 정당하지 않다고 판단하기 때문이다. 향후 역사에서 혹시 이를 달리 보는 역사적 계기가 있을지 모르겠다.

이 법을 통해 정치활동이 규제된 사람은 4374명이다. 여기에는 국가재건최고회의에서 쫓겨난 전 군 지도자, 군정에 비판적인 언론인들, 기존 정당의 지도자, 전직 고위 관리, 부정 축재자, 남북학생회담 관련 학생지도부 등이 망라되었다. 이들에게는 6년간 공직선거 출마나 선거운동 참여, 정치 집회 등 일체의 정치활동이 금지되었다. 그래서 '정치활동정화법' 제정에 반대해 온 윤보선 대통령이 3월 22일 하야 성명을 발표한다. 5·16 세력은 새로운 정당 '민주공화당'을 만들고, 형식상으로는 이 정당을 토대로 1963년 민간 정부인 제3공화국을 연다. 물론 형식상으로는 정당 조직을 기반으로 3공화국이 태동했지만, 실제로는 5·16으로 이미 권력을 장악하고 있었다. 그리고 집권 도구로 민주공화당이라는 여당 조직을 만든 것이다.

물론 5·16 세력은 혁명을 표방한 만큼, 이승만 정권 시기의 부정과 비리 청산 작업을 단행했다. 깡패 소탕을 내걸고 정치 깡패의 두목으로 알려진 이정재를 군사재판을 통해 사형에 처하기도 했다. 일제 말부터 경찰로 일한 적이 있는 이정재는 자유당 정권 시기 '동대문상인연합회' 회장 직함을 기반으로 한 대표적인 정치 주먹이었다. 당시를 배경으로 한 영화에서 김두한, 시라소니 등과 함께 등장해 익숙한 이름이기도 하다. 정치 깡패 이정재는 4·19 직후에도 정치테러 혐의로 구속되었으나 가벼운 형을 받고 석방되었다. 그랬던 그가 5·16 군사법원의 이른바 혁명재판에서 사형을 선고받고 처형되었다. 당시 처벌 대상이 되었던 이른바 깡패들은 "나는 깡패입니다"라는 팻말을 목에 걸고 시내를 돌며 조리돌림 당했다고 한다.

04

청산 대상이 된 청산 주체들

박정희의 집권 전략을 따라 한 전두환

5공화국의 전두환 정권은 5·16 세력의 방식을 거의 그대로 차용했다. 물론 전두환 등은 5·16처럼 혁명을 내건 세력이 아니었다. 군부 내 권력을 이용해 정권을 잡았을 뿐이다. 그런 점에서 5·16 세력은 다른 사람들이 인정하지 않더라도 자신들은 혁명을 표방할 수 있었지만, 전두환 등의 '신군부'는 쿠데타 세력 이상의 다른 명목을 빌릴 여지가 없다. 신군부 또한, 정권의 기반을 위한 조치로서 기존 세력에 대한 규제와 청산 작업을 단행했다. 혁명 목표를 내걸었던 박정희 세력과는 다르지만, 집권 과정은 5·16 이후의 과정을 거의 그대로 본보기 삼은 것 같았다.

12·12 쿠데타와 5·18 민주화운동 진압을 거치며 최고 권력자가 된 전두환은 '국가보위비상대책위원회(국보위)'로 기존 정부 조직을 대체한다. 5·16 시기의 국가재건최고회의와 비슷한 기구다. 1980년 11월 3일 국보위의 뒤를 이은 국보위 입법회의에서 '정치풍토쇄신법'을 제정한다. 이때 전두환은 대통령 신분이었다. 유신헌법에 따라 박정희 사후에 대통령이 된 최규하 대통령을 자진 사퇴하게 하고, 8월 27일에 그 자리를 차지했다. 최규하가 10대 대통령, 전두환이 11대 대통령,

그리고 다음 해인 1981년 개정된 5공화국 헌법에 따라 전두환이 12대 대통령에 당선된다.

사실 박정희도 1963년 대선을 통해 대통령이 되기 전 1년 이상 대통령 직무를 대행한 바 있다. 1962년 3월 16일 기성 정치인들의 정치활동을 금지하는 '정치활동정화법'을 발표하자 윤보선 대통령이 불만을 표하고 사임하자, 국가재건최고회의 의장인 박정희가 대통령 권한대행이 된 것이다(3월 24일). 이 최고회의에서 앞서 말한 4374명을 정치활동 정화 대당자로 발표했다.

전두환의 '정치풍토쇄신법'도 18년 전 박정희의 '정치활동정화법'과 같은 맥락에서 제정한 것이다. 이 법에 따라 835명을 정치활동 규제 대상자로 발표하고, 이 중에서도 이른바 '구시대 정치인' 567명을 정치활동 금지 대상자로 지정해 발을 묶어버렸다. 이것이 이른바 정화조치다. 이미 8월 13일 전두환의 강요에 의해 정계 은퇴를 선언한 김영삼, 9월 11일 사형선고를 받은 김대중, 또한 김종필도 포함되어 있었다. 기존 정치 세력을 다 규제하고, 박정희 시대의 민주공화당처럼 새로운 여당이라는 의미로 민주정의당, 약칭 민정당을 결성한다. 그리고 헌법 개정 후에 민정당의 이름으로 다시 대통령이 된 것이다. 18년 전의 교범이 있었기에 그 순서대로 쉬이 진행한 것으로 보인다.

정치 규제 속에 태동한 5공화국의 야당

흥미롭게도 정치 규제가 계속되는 가운데서도 야당이 태동했다. 그래서 일부에서는 그때의 야당을 관제 야당으로 부르기도 하는데, 유치송 대표의 민주한국당, 김종철의 한국국민당, 김의택의 민권당 등이 있었다. 더구나 이 정당 대표들이 전두환 후보를 당선시키기 위한 의례적 절차에 불과했던 12대 대선, 즉 체육관선거에 후보로서 들러리를 섰으니 관제 야당이라는 소리를 들을 만했다.

그때 민주사회당 등 사회민주주의를 표방한 정당에서도 원내 의원을 한두 명 배출하기도 했다. 당시 한 선거구에서 두 명씩 뽑는 중선거구제가 소수 정당에는 드물기는 하지만, 기회가 되었다. 1970년대 유신체제에서도 중선거구제가 시행된 적 있다. 그러나 그때는 사회민주주의 수준의 노선도 허용하지 않는 강력한 반공 시대였기 때문에 진보적 정당의 활동 자체가 어려웠다.

전두환의 5공화국도 유신체제나 다름없는 권위주의 정권 시대였지만, 사회민주주의 노선까지도 포용하는 폭넓은 정권임을 보여주려는 전략적 의도가 있었다. 1981년 11대 총선에서 사민주의 정당 소속 국회의원이 한두 명 배출되었지만, 12대 때부터 바로 소멸한다. 그 후 2004년 17대 총선 때 정당명부제가 도입되면서 민주노동당과 같은 진보정당이 비로소 원내로 진출한다.

5공화국 정권의 3대 집권 기반

5공화국의 구악청산은 정치적으로는 기성 정치인 규제로 진행되었고, 사회적으로는 사회정화의 이름으로 전개되었다. 집권 과정부터 집권 초까지 존재한 '삼청교육대'는 사회적으로 공포 분위기의 상징이 되었다. 군부는 12·12 쿠데타로, 민주적 저항은 5·18 진압으로, 사회적 통제는 '삼청교육대'에 대한 공포로, 5공화국 정권은 한국 사회 각 영역을 폭력으로 완전히 진압했다. 12·12 쿠데타, 5·18 진압, 삼청교육대는 5공화국 초기의 집권 기반이었다고 할 수 있다.

삼청교육대는 1980년 8월 4일 국보위가 각종 사회악을 단시일 내에 효과적으로 정화해 사회 개혁을 이룬다는 명분으로 '사회악일소 특별조치'를 '계엄포고령' 제13호를 발표해 설치한 기관이다. 폭력·사기·마약·밀수사범에 대한 일제 검거령을 내려, 1981년 1월까지 5개월간 네 차례에 걸쳐 6만 755명을 검거했다. 검사, 경찰서장, 보안사 요원, 중앙정보부 요원, 헌병대 요원, 지역정화위원 등으로 구성된 심사위원회에서 4개 등급(A·B·C·D급)으로 분류해 등급에 따라 조치했다. A급은 3252명으로 군법회의에 회부되었다. B급과 C급은 3만 9786명으로 B급은 4주 교육 후 6개월 노역, C급은 2주 교육 후 훈방 조치되었다. 나머지 1만 7717명은 D급으로 경찰서에서 바로 훈방 조치했다. 전두환 정권 시기에는 '사회정화위원회'라는 조직을 상설 조직으로 편성해 운영했다.

사회정화를 명목으로 자행된 이 정책 때문에 억울하게 검거되어 삼청교육대에 입소한 경우도 있었다. 들리는 얘기로는 이를 정치적 탄압 수단으로 활용하기도 했다고 한다. 군 입소 후 '순화교육'이라는 명목으로 심한 가혹행위가 자행되었다. 1988년에 열린 13대 국회 국정감사에서 삼청교육대 관련 사망자가 무려 450여 명에 달한 것으로 보고되었다. 구체적으로는 삼청교육대에서 사망한 사람이 52명, 후유증으로 인한 사망자 397명, 정신장애 등 상해자 2678명으로 보고되었다. 초대 규모의 인권 탄압 사건이다. 2007년 국방부 과거사진상규명위원회는 삼청교육대 설치가 불법이며, 교육 과정에서 각종 인권유린

이 있었다는 내용의 보고서를 발표했다. 이때의 인권유린 문제는 당시를 배경으로 한 영화에 종종 나오기도 한다.

청산의 대상이 된 청산의 주체

사회정화를 내걸었던 전두환 정권은 추후 정화의 대상, 청산의 대상이 된다. 이를 5공청산이라 부른다. 전두환 정권을 승계한 노태우 정권이 집권했지만, 국회는 '여소야대'였다. 민주화의 흐름을 배경으로 야당이 정국을 주도하는 분위기가 되면서, 노태우 정권은 민주화 진영의 5공화국 비리청산 요구를 받아들일 수밖에 없었다. 물론 노태우 정부 스스로도 헌법을 개정해 6공화국으로 출범하는 등 전 정권과 차별하는 전략을 수행할 수밖에 없는 상황이기도 했다. 그러나 5공청산 요구는 민주화의 흐름과 여소야대라는 외부적 요구를 수용한 결과로 본다. 여소야대라는 정치적 역학이 중요했다. 사실 2016~2017년 박근혜 대통령 탄핵도 2016년 20대 총선이 만든 여소야대 국회라는 정국이 배경에 있었다.

1988년 3월 31일 새마을운동중앙본부 비리와 관련해 전두환의 친동생 전경환이 구속된 것을 시작으로 6월 13일 수사 당국이 전두환 일가 비리 조사에 착수했다. 무엇보다 국회에서 '5공정치권력형비리 조사특위'를 구성해 11월 3일부터 활동한다. 특히 생중계로 진행된 5공 비리 청문회는 독재 권력 시대의 탄압과 비리에 대한 국민적인 성토의 구심점이 된다. 이때 정상용·노무현 의원 등이 청문회 스타로 떠오르기도 했다. 정주영 현대그룹 회장이 일해재단 설립 재원 등을 명목으로 전두환 정권에 수십억 원을 주었는데, 기업이 살려면 줄 수밖에 없었다고 하면서 고개를 숙인 장면이 기억난다. 1989년 12월 31일 전두환의 국회 증언에 이르기까지 이 청문회는 2년에 걸쳐 계속되었다. 그러나 5공청산을 제대로 이루지 못했다는 비판을 남기며, 청산 과제는 그다음 정권인 김영삼 정부로 이어진다.

하나회청산과 문민정부

김영삼 정부의 청산과 개혁의 명분은 군부독재 이후 세운 최초의 문민정부라는 데서 출발한다. 물론 김영삼 정부 역시 기존의 군부정권 세력이 포함된 민자당을 배경으로 집권했다. 그러나 같은 민자당 소속이면서도, 이전의 노태우 정부와 달리 최초의 문민정부임을 내세웠다. 그러므로 문민정부의 구호가 군부정권의 유산 청산이 된 것은 당연했다. 이와 더불어 민주화된 문민정부로서 역사를 바로 세워야 한다고 선언한다. 이것이 '역사바로세우기'의 시작이었다. 김영삼 대통령은 집권 초인 1993년 5월 13일 '역사바로세우기' 특별 담화를 발표한다. 이 담화에는 문민정부가 '5·18 민주화운동'의 연장선상에 있음으로 표방하는 내용도 담겨 있다. 이와 함께 부정과 비리를 척결하는 개혁에 대해 화두를 던진다. 김영삼 정부의 대표적인 구호는 그의 경상도 사투리 발음으로 "계혁", "계혁"했던 개혁이었다.

실행력 강한 스타일의 김영삼 대통령은 취임 초 군부의 사조직인 '하나회'를 해산시켜 쿠데타 가능성을 없앴다. 또한 일제 잔재 청산을 화두로 던지며, 경복궁 내 조선총독부 건물을 철거했다. 당시 총독부 건물 철거를 놓고 일제의 유산이지만, 역사적 교훈을 되새기게 할 역사적 사실로서 철거할 필요까지는 없다는 주장도 있었다. 김영삼 대통령은 1995년 일본에서 독도 영유권을 정당화하는 발언이 나오자 "버르장머리를 고쳐놓겠다"라고 격노해 주목을 받기도 했다.

황당한 '성공한 쿠데타'론 뒤집은 특별법

집권 초 12·12, 5·18 관련 피해자들이 전두환·노태우 등을 고소했으나, "성공한 쿠데타는 처벌할 수 없다"라는 논리로 검찰이 불기소 처분을 내렸다. 12·12 쿠데타 관련해서는 두 전직 대통령을 비롯해 34명, 5·18 관련해서는 35명이 고소·고발되었다. 검찰의 불기소 처분에 시민들의 반발이 거셌다. 권력 장악이 성공의 기준이고 처벌 면제 사유라면, 성공한 범죄도 처벌하지 않는다는 논리나 마찬가지다. 쿠데타의 성공 여부는 권력의 장악이 아니라, 역사적 평가가 기준이다. 역사적으로 정당성을 인정받지 못한 것이라면 쿠데타가 되고, 정당성을 확보하게 되면 정치혁명이나 혁명이라고 부른다. 당시 정부 여당 에서는 정당성 여부는 법적 판단의 대상이 아니므로 역사에 맡기자고 항변했다. 그러면서도 성공한 쿠데타라는 표현을 쓰는 것은 모순이었다. 정당하지 못한 권력 찬탈은 이후에도 헌법 질서에 따라 심판할 수 있는 것이 상식인데 말이다. 결국 다시 처벌받게 된다.

1995년 박계동 의원이 전두환·노태우 비자금을 폭로하면서 이를 계기로 특별법이 마련된다. 이로써 두 전직 대통령은 처벌을 받게 된다. 알다시피 전두환과 노태우는 내란죄 및 내란목적살인죄로 각기

무기징역 형과 17년 형을 선고받았다. 동시에 전두환에게는 2204억 원, 노태우에게는 2629억 원의 추징금이 선고되었다. 노태우는 전액 납부했고, 전두환은 완납하지 못한 채 고인이 되었다. 김영삼 정부 초기의 불기소처분을 두고 '김영삼 대통령도 처벌보다는 역사에 맡기자는 쪽이 아니었겠느냐'라는 해석도 있었다. 그러다가 2년 뒤 비자금 폭로 사건이 터지면서 특별법 제정에 동조해 다시 처벌하게 되었다는 이야기다. 하나회 해체에서 일제 잔재 청산으로 이어졌던 김영삼 대통령의 역사바로세우기는 이때 절정에 이르렀다. 두 전 대통령에게 선고된 징역형은 김영삼 정부 말이자 김대중 대통령이 당선인 시절이던 1997년 12월 22일에 사면 조치되었다.

권위주의 군부정권 계열과 통합해 정권을 잡았던 김영삼 대통령은 집권 이후 점차 구세력을 배제하려 한다. 이는 역사바로세우기와 맞물려 있다. 권력의 중심도 기존의 대구경북(TK)에서 부산경남(PK)으로 바뀌었다는 평가도 나왔다. 과거 권력의 중심에 있었던 TK 쪽 일부에서는 정치보복이라며 항변했다. 그러다가 김종필의 신민주공화당 계열이 민자당에서 이탈하자 TK 세력 일부가 여기에 합류한다. 그렇게 해서 창당된 정당이 충청권과 대구경북권을 주요 기반으로 하는 자유민주연합, 즉 자민련이다.

김영삼 대통령의 개혁과 역사바로세우기는 정권 말 IMF 체제 책임론으로 퇴색되었지만, 일시적인 권력투쟁을 넘어서는 역사적인 성과를 만들어냈다고 본다. 군부 쿠데타 가능성을 제거한 하나회 척결, 역사바로세우기 조치, 이 외에도 개혁 조치로 수행된 금융실명제, 고위 공직자 재산 등록 등은 오늘날에도 우리 정치의 발전적 자산이 되고 있다.

05

역사바로세우기와
친일 잔재 청산

정부수립과 친일 문제

앞 장에서 김영삼 대통령 시기의 일제 잔재 청산 시도를 언급했듯이, 우리 현대사에 맨 먼저 던져진 과거 청산 문제가 '친일청산'이었다. 일제 잔재 청산과는 조금 다른 측면으로, 민족사적 책임론을 담은 것이었다. 1945년 8월 일제가 패망하면서 국가건설운동 과정에서부터 친일청산은 당연히 우리의 민족적 과제였다. 친일청산에 누구도 이의를 달 수 없었으나, 우리 정부가 수립되어 있지 않은 상황에서 청산의 심판 주체가 누구여야 하느냐 등을 둘러싼 논란으로 이어졌다. 물론 권력투쟁의 도구나 사적인 보복 의도가 개입되어 친일 문제가 거론된 경우도 없지 않았을 것이다. 우리 정부수립의 주도권을 가지고 초대 대통령이 된 이승만은, 건국과 친일청산 논란 과정에서 현실적으로 먼저 정부가 수립되어야 한다는 주장을 펼쳤다. 그 대신 우리 정부가 수립되면 최우선으로 친일 행위에 대해 책임을 묻고 청산하겠다고 약속했다. 정부가 수립되기 전 미군정 시기에 구성되었던 남조선과도입법의원에서 1947년 '민족반역자 친일부역자 전범 간상배에 대한 특별법'을 제정했으나, 미군정에서 승인하지 않았다.

대한민국 입법 3호, 반민법

우리 정부는 제헌헌법에 친일 범죄 처벌 입법을 명시했다. 제헌헌법 제101조에 특별법의 근거를 담았다.

이 헌법을 제정한 국회는 단기 4278년(서기 1945년) 8월 15일 이전의 악질적인 반민족행위를 처벌하는 특별법을 제정할 수 있다.

그리고 1948년 9월 22일 '반민족행위처벌법(반민법)'이 제정되었다. 헌법을 공포하면서 제정했던 '정부조직법', 그리고 광복과 더불어 감옥의 죄수들을 석방하기 위한 '사면법'에 이어 '반민법'은 제헌국회가 제정한 세 번째 입법으로 대한민국 법률 3호였다. 이승만 대통령은 반민법 제정 과정에서 "인신공격에 이용될 뿐 과연 실효성을 거둘 수 있을 것인가"라며 소극적 입장을 취했다는 주장도 있다.

1949년 1월부터 활동에 들어간 반민족행위처벌특별위원회(반민특위)의 권한은 컸다. 반민특위는 특경대를 두고 수사권도 가졌다. 대법원이 반민특위특별재판부 역할을 했다. 경찰을 비롯해 이승만 정부에 종사하는 인물 다수가 수사 대상에 포함되었다. 정부가 출범하면서 기존의 경력자들을 주로 채용했는데, 그 경력이 결국 일제하의 경력이었으므로 논란이 될 여지가 컸다. 그들 중 일부는 친일 비판을 피하기 위해 권력의 그늘로 들어가기도 했다고 한다. 대개 시대가 바뀌면 물러나는 사람도 있지만, 카멜레온처럼 변신에 성공하는 경우도 있다. 이렇다 보니, 특히 경찰 조직과 반민특위가 충돌하는 상황이 생겼다. 반민법 제정에 소극적이던 이승만 대통령은 반민특위가 삼권분립을 넘어서는 월권적 권한을 행사한다며 반민법 개정 시도까지 했지만, 개정하지는 못했다. 정부의 다른 조직 체계를 넘어서 전횡을 행사하는 것처럼 보이는 경우도 없지는 않았을 것이다. 그런데 1949년 5월 반민특위 소속 핵심 의원들이 이른바 '국회프락치사건'으로 구속되기 시작하면서 반민특위는 힘을 잃고 와해된다.

국회프락치사건과 반민특위

프락치, 간첩을 말하는 용어다. 국회의원 13명이 그런 역할을 했다고 구속되어, 1950년 3월 김약수 국회 부의장 등 13명 모두 유죄선고를 받았다. 대부분 반민특위 활동을 적극적으로 지원한 소장파 의원들이었다. 이 사건이 있고 몇 개월 뒤 한국전쟁이 일어나 국회프락치사건의 진실 규명은 미제로 남았다. 상당 부분은 반민특위에 대한 역공작 의도가 포함되어 있었다고 해석을 한다. 반면 보수 진영 일부에서는 한국전쟁 중에 이들 대다수가 북한 측에 가담한 것을 근거로 분명한 프락치였다고 주장한다. 당시 국회에서 이 의원들에 대해 석방결의안을 냈지만, 통과되지 못했다. 반민특위에 대한 역공세로 경찰이 반민특위 사무실을 습격하고, 심지어 특위의 경찰인 특경대원들을 체포해 구금하기도 했다. 경찰 입장에서는 특경대원들의 월권 행위에 대한 조치라고 주장했다. 국회프락치사건을 거치며 반민특위가 사실상 무력화되고, '반민법'에 의한 공소시효를 1950년 6월 30일에서 1949년 8월 31일로 단축하는 법 개정까지 이뤄졌다. 7월 7일 반민특위 위원들이 이미 사퇴를 선언한 가운데, 10월에 특위 기구들이 최종 해산되었다.

반민특위는 사실상 5~8개월 만에 활동을 마감했다. 반민특위에서는 682건을 조사해서 그중 221건을 기소했다. 40건에 대해 판결이 났는데 14명이 금고형, 1명이 사형을 선고받았다. 그러나 곧이어 발생한 한국전쟁으로, 이들에 대한 사형과 징역형은 유명무실해진다. 반민특위의 활동은 제한된 시한에 정권의 반대와 경찰의 협박 속에 전개된 미봉한 활동이었다. 반민특위에서 재판을 받은 반민족행위자들 중에는 노덕술처럼 일찍부터 일제에 협력하며 고등계 형사로 독립운동가들을 잔혹하게 탄압하던 사람도 있지만, 한때는 민족운동에 참여하다가 나중에 친일 활동을 한 지식인들도 있었다. 알다시피 최남선, 최린, 이광수 등이 그런 경우다.

최남선, 이광수, 최린 포함된 친일 부역자

최남선은 1919년 3·1 운동 때 「독립선언문」을 쓴 인물로, 잡지 ≪소년≫을 발행하며 민족문학운동에 앞장서는 등 대단한 활약을 했다. 하지만 3·1 운동으로 감옥살이를 한 뒤로는 일제의 침략 전쟁을 찬양하는 글을 쓰는 등 친일 활동을 했다. 최린 역시 신민회에 가입해 활동한 민족 대표 33인 중 한 사람으로 3·1 운동에 참여하는 등 독립을 위해 활동한 인사다. 그러나 감옥살이를 하고 나온 뒤부터 조선총독부의 기관지 ≪매일신보≫ 사장으로 취임하는 등 친일 활동에 앞장선 것으로 평가받았다. 유명 문학가 이광수는 3·1 운동보다 앞서 일본에서 선포한 「2·8 독립선언서」를 쓰고 민족운동에 적극적으로 나섰던 인물이다. 그러나 나중에는 창씨개명에 앞장서고 우리나라 사람들에게 징병이나 징용을 권장하는 등의 활동을 했다.

친일 활동을 했던 인사들의 친일 이전의 뛰어난 문학 작품들에 대해서는 어떻게 생각할 것인가 하는 논란이 종종 나온다. 어떤 사람들은 친일 행적을 비판하며 작품까지도 깎아내리거나 외면하기도 한다. 나는 친일반민족행위자로 반민특위에 체포되기도 했던 주요한의 시 「불놀이」를 애송하는 편이다. 1900년생인데 1919년에 발표했으니, 19살에 이런 시를 쓴 것이다. 앞부분을 조금 소개한다.

아아, 날이 저믄다. 西便 하늘에, 외로운 江물 우에, 스러져 가는 분홍 빗놀. 아아 해가 저믈면 해가 저믈면, 날마다 살구나무 그늘에 혼자 우는 밤이 또 오건마는, 오늘도 四月이라 파일날 큰길을 물밀어가는 사람 소리만 듣기만 하여도 흥성시러운 거슬 웨 나만 혼자 가슴에 눈물을 참을 수 업는고?

아아 춤을 춘다, 춤을 춘다, 싯별건 불덩이가, 춤을 춘다. 잠잠한 城門 우에서 나려다보니, 물 냄새, 모랫 냄새, 밤을 깨물고 하늘을 깨무는 횃불이 그래도 무어시 不足하야 제 몸까지 물고 뜰 때, 혼자서 어두운 가슴품은 절믄 사람은 過去의 퍼런 꿈을 찬 江물 우에 내여던지나, 무정한 물결이 그 기름자를 멈출리가 이스랴? ……

물론 좌절된 친일청산으로 보는 사람도 있지만, 미완에 그친 친일청산 문제는 최근까지도 반복해서 거론된다. 유럽에서 나치에 부역했던 이들에 대한 청산과 반성에 비교해 우리의 친일청산은 제대로 된 적이 없었다는 지적이다. 프랑스의 경우 공식 기록에 따르면 7000여

명이 나치 부역죄로 사형선고를 받았고, 최종적으로 791명을 사형 집행했다고 한다. 정식 재판 절차를 거치지 않은 1만여 명이 처형되었고, 정확한 통계는 알 수 없지만 부역 혐의로 많은 여성들이 거리에서 조리돌림을 당하기도 했다. 몇 년간의 전쟁 기간에 부역했던 데 대한 책임 문제와, 36년간의 합병 상황에서 있었던 반민족 행위에 대한 책임은 조금은 성격이 다른 점이 있을 것이다.

전쟁 상태에서 적대 국가에 대한 협력은 분명한 반국가 행위로 드러난다. 우리의 독립운동 세력이 독립을 위한 항전을 계속했다는 점에서 전쟁 상황이기는 했지만, 국내의 일상적인 상황은 장기간의 합병 상태였다. 오랜 기간 합병 상태에 있었던 만큼 반민족적 행위로 책임을 묻기에는 모호한 측면도 있을 수 있다. 반대로 우리의 경우 세월이 긴 만큼 책임을 져야 할 사람들이 더 많았는데, 처벌받은 사람이 적은 것은 친일 문제를 제대로 청산하지 못한 증거라는 주장도 있다.

친일청산은 역사 논란이 있을 때마다 반복된다. 앞서 말한 프랑스의 사례는 모범이 될 만한 엄격한 청산으로 우리나라에서 인용되기도 하지만, 자의적이고 반인권적인 전후의 광기였다는 해석도 적지 않다. 오히려 대거 감형으로 흐지부지되었다고 보기도 하는 등 프랑스의 부역 청산에 대해서는 견해 차이가 크다.

김대중, 박근혜, 문재인의
적폐청산론

청산보다는 개혁운동 내건 김대중 대통령

역대 새 정권의 구악청산, 적폐청산에 대해 이야기하다가 친일청산을 되돌아보면서 김영삼 정부 시기까지 논의를 했다. 이어진 김대중 정부의 집권은 쿠데타나 혁명에 의한 정권교체는 아니지만, 선거를 통해 여야 정권이 최초로 교체되었다는 점에서 또 하나의 중대한 정권변동이었다. 김대중 정부에서는 청산보다 새로운 건설에 초점을 맞췄다. 과거의 적폐청산은 개혁운동으로 대체하고, 나아가 구세력을 정권에 기용하는 등 통합 쪽에 초점을 두었다. 물론 국가의 재정립 필요성도 강조했다. 그래서 나온 것이 '제2건국'이다.

김대중 대통령은 1998년 8·15 경축사에서 "제2의 건국은 우리가 역사의 주인으로서 국난에 처한 나라를 구하고 그 운명을 새롭게 개척하려는 시대적 결단이자 선택"이라며 그날을 제2건국의 출발일로 주창했다. 참여정치를 강조하며 권위주의 통치 시대에서 참여민주주의 시대로의 전환을 말했다. 관치경제로부터 시장의 자율성을 강화하는 쪽으로, 독선적이고 폐쇄적인 민족주의로부터 보편적 세계주의로, 이뿐 아니라 새로운 시대에 부합하는 신지식인운동 등을 제2건국운동에 담았다.

김대중 대통령의 제2건국운동은 청산운동이 아니라 가치관과 구조의 개혁운동이었다. 1998년 10월 '제2의 건국 범국민추진위원회(제2건국위)'를 대통령자문기구로 공식 출범하면서 활동했으나, 제2건국운동의 효과라고 할 만큼 뚜렷한 성과는 거두지 못했다.

세월호 참사와 박근혜의 적폐청산론

이후 이명박 정부와 박근혜 정부 시기는 적폐청산보다는 규제철폐, 규제 개혁을 내걸고 시장경제의 강화를 강조했다. 앞서 지적했다시피 박근혜 대통령은 세월호 참사에 대한 반성적 과제로 적폐청산을 말하기도 했다. 2014년 4월 29일 안산 분향소에 참배하면서 "그동안에 쌓여온 모든 적폐를 다 도려내고 반드시 안전한 나라를 만들어 희생된 모든 것이 절대 헛되지 않도록 하겠다"라고 약속한다. 이후 가시적인 조치로 구조 책임을 물어 해경을 해체하고 국민안전처를 신설했지만, 새롭고 안전한 나라 건설을 위해 성과를 거둘 만한 실질적인 활동은 별로 보여주지 못했다. 오히려 세월호 참사 진상 규명과 책임론이 정파적 쟁점이 되어 박근혜 대통령 자신이 책임론의 한가운데 있게 된다. 박근혜 대통령의 '세월호 7시간' 논란과 더불어 세월호 참사에 대한 박 대통령의 태도는 사실 탄핵의 한 근원이 되었다고도 볼 수 있다. 유일한 가시적인 조치로 해체했던 해경은 문재인 정부 들어 부활했고, 국민안전처는 그 기능을 다른 부서로 이관하고 해체된다.

문재인 정부 적폐청산, "사정 아니라 혁신이다"

문재인 정부의 적폐청산을 두고 정치보복이라는 일부 야당의 항변에 대해 문재인 대통령은 정치적 사정(司正)이 아니라 혁신이라고 말했다. 또한 2017년 추석 연휴가 끝난 직후 청와대 수석·보좌관회의를 주재한 자리에서 "적폐청산과 개혁은 사정이 아니라 권력기관, 경제 사회 등 전 분야에 걸쳐 누적되어 온 잘못된 제도와 관행을 혁신해 나라다운 나라, 정의로운 대한민국을 만드는 일입니다. 대한민국 경쟁력을 높이는 일이기도 합니다. 원칙과 자신감을 갖고 속도감 있게 개혁을 추진하기 바랍니다"라고 말해 이를 일축하는 양상의 발언을 남겼다.

문재인 대통령과 정부는 적폐청산은 늘 촛불혁명의 소명이라고 했다. 물론 문재인 정부가 혁명정부는 아니었다. 촛불 민심으로 박근혜 대통령이 탄핵된 후 선거를 통해 선출된 정부, 엄격하게 말하면 41%의 지지를 받아 집권한 기존 제도 속의 대의정부였다. 그럼에도 문재인 정부는 스스로 촛불혁명정부라는 말을 자주 인용했다. 이런 언급이 촛불 민심에 대한 강한 소명 의식이라는 차원에서는 바람직하지만, 자칫 기존 정치와 제도를 넘어 자의적 권력을 행사하는 혁명정부라는 인식으로 적폐를 재현하지 않겠느냐는 우려도 있었다.

권력투쟁론과 개혁론을 가늠하는 관건은 늘 살아 있는 권력이 만들어 온 적폐를, 새로운 정권 스스로가 단절하는 모습을 보여줄 수 있는지, 또 제도적 개혁으로 얼마나 뒷받침할 것인지에 달려 있다고 앞서 지적한 바 있다. 문재인 정부도 결국 낙하산 인사 문제, 그리고 본말이 전도된 검찰 개혁 논쟁과 제도화 과정의 갈등으로 권력투쟁을 넘어서는 개혁적 적폐청산에 성공했다고 내세우기는 어렵다.

권력 교체와 청산, 개혁

청산이나 개혁은 늘 권력이 바뀌면서 등장했다. 권력 변동도 적대적으로 대립하던 세력이 집권하는 경우도 있고, 승계되는 수준의 권력 변동도 있다. 아마 한국 근현대사에서 가장 큰 권력 변동이 일제로부터의 해방이고, 그다음이 혁명·쿠데타·의거 등으로 불린 정치 변동이었다. 일제로부터 해방된 후 당면한 친일 잔재 청산 관련 과제에 대해서는 앞에서 설명했다. 1공화국의 출범과 더불어 왕정에서 민주공화제로 바뀐 것도 정말 큰 정치적 변화였다. 이에 대해서는 뒤에서 다시 이야기하고 우선 쿠데타, 혁명, 의거, 반란 등의 정치 변동 개념을 좀 더 살펴보자.

혁명, 쿠데타, 의거, 난, 반정

근본적 의미의 혁명은 사회계급의 전복을 말하는 것이지만, 보통 혁명이라고 할 때는 대체로 정치적 혁명을 말한다. 기존의 법질서를 넘어 정치 권력을 바꾸는 것인데, 그 명분을 역사적으로 인정받는 정치 변동을 '혁명'이라 할 수 있겠다. 기존 법질서를 넘어서는, 즉 불법적으로 정권을 교체한다는 점에서 쿠데타도 혁명과 유사하다. 다만 그것이 역사적으로 명분 있는 변동을 초래했느냐, 단지 권력 쟁취만을 위한 것이었느냐의 차이가 있다. 박정희의 5·16을 두고 그것을 주도한 쪽은 민족을 위한 혁명이라 말하고, 지금의 역사 교과서에서는 군부의 불법적인 권력 장악으로 보아 쿠데타로 규정하고 있다. 4·19

의 경우도 한때는 의거라고 했다가 혁명으로 부르고 있다. 의미를 더 강조하기 위해 혁명이라 부르는 것 같은데, 나는 권력 전복이나 권력 장악을 기획한 것이 아니었다는 점에서 의거라고 부르는 것이 적절치 않은가 생각한다. 물론 역사적 의미 부여는 시대 변화에 따라 달라질 수 있다.

왕조 시대에 난(亂), 반란으로 불리는 여러 사건이 있다. 진압한 쪽에서 실패한 정변을 난 혹은 반란으로 규정했다. 반정(反正)도 있다. 말뜻을 보면 올바로 돌려놓는다는 의미다. 조선시대 두 개의 반정이 있었다. 중종반정과 인조반정 그것이다. 기존의 왕을 무력으로 폐위하고 새로 왕을 세운 것이다. 연산군을 폐위한 중종반정, 광해군을 폐위한 인조반정이다. 폐위된 왕들은 모두 강등되어 연산군, 광해군이 되었다. 폐위된 왕뿐만 아니라 함께했던 세력들도 피의 숙청을 당했다. 폐위시킬 만큼 문제가 있기도 했겠지만, 권력 암투 속에서 폐위된 왕은 더 부정적인 서사로 꾸며졌을 것이다. 새로 왕좌에 오른 이들은 폐위된 왕들이 부정적으로 평가되어야 정당성을 더 인정받을 수 있었을 것이다. 간혹 소설이나 영화에서는 이런 이야기를 오히려 전복시켜 새롭게 조명하기도 한다.

선거와 대의민주주의

선거일, 장미대선, 동백대선

2022년 3월 대선 이후, 3개월도 채 지나지 않아 6월 1일에 지방선거가 치러졌다. 대통령 임기가 5월 10일부터 시작되었으니, 임기 시작 20여 일 만에 치러진 것이다. 현재 전국 단위의 선거는 대통령선거, 국회의원선거, 지방선거 세 종류가 있다. 보궐선거를 제외하면, 대통령선거는 70일, 국회의원선거 50일, 지방선거 30일 전 첫 번째 수요일에 치르도록 '공직선거법'에 규정되어 있다. 대통령은 임기는 5년, 국회의원, 지방의원, 단체장은 4년이다. 그러다 보니 5년 대통령선거와 4년 임기의 다른 선거가 20년을 주기로 같은 해 또는 몇 개월 사이에 치르게 된다. 그런데 2017년 탄핵으로 대통령선거를 5월에 치르게 되면서 일정이 바뀌었다.

선거일이 수요일로 정해진 것은 2004년 3월 '공직선거법'이 개정되면서부터다. 이 법이 적용된 첫 선거는 2007년 대통령선거다. 그 전에는 선거일이 목요일이었다. 그보다 더 전에는 요일을 정하지 않고 헌법에서 규정된 기한 내에서 그때그때 선거일을 택하기도 했다. 선거법에 따라 법정 선거일에 치러진 첫 번째 선거는 1996년 제15대 국회의원선거다.

우리의 대통령선거 역사를 보면 3월, 5월, 8월, 10월 등 다양한 시기에 선거를 치렀다. 민주화 이후부터는 12월에 치르다가 대통령 탄핵으로 19대 선거는 2017년 5월에 치러졌고, 20대 선거부터는 대통령 임기가 끝나는 5월 9일부터 70일 전 첫 번째 수요일인 3월 초에 치르게 되었다. 2017년 5월에 치른 19대 대선을 '장미대선'이라 했는데, 3월 초면 진달래가 아직 피지 않고 동백꽃이 피는 때이니 '동백대선'이라 부를지 부를 수 있겠다.

투표일이냐, 공휴일이냐

2022년 대선일은 3월 9일이었다. 문재인 대통령의 임기 만료 70일 전 첫 수요일은 3월 2일이었는데, 전날인 3월 1일이 공휴일이어서 그 다음 주 수요일인 9일이 선거일로 결정되었다. '공직선거법'에 따르면 예정 일자 전후로 휴일이 있는 경우 그다음 주에 선거를 치른다. 앞뒤로 휴일이 있을 경우 연휴가 되어 유권자들이 투표하지 않고 연휴만 즐기는 경우를 예방하겠다는 취지다.

토요휴무제가 도입되면서, 선거일을 목요일에서 수요일로 바꾼 것도 그 이유였다. 투표율이 가장 높을 만한 요일로 택한 것이다. 앞뒤로 휴일이 가까우면 하루 정도 휴가를 내고 선거일을 포함해 연휴로 삼을 우려가 있어 취한 조치다. 목요일을 선거일로 하면 유권자들이 금요일에 휴가를 내어 목, 금, 토, 일 연휴로 즐기면 투표에 불참해 참여율이 낮아질 것이 예상되었기 때문이다. 참고로 토요휴무제는 격주휴무제를 거쳐 2005년 7월부터 공공기관까지 적용되기에 이르렀다.

미국의 대통령선거인단 선거일은 11월 첫 번째 월요일이 있는 화요일이다. 교회 가는 요일, 이동 거리, 영국의 투표일(목요일) 제외 등 여러 요인을 고려해 이렇게 정해졌다. 1845년 '단일선거일'이 연방법으로 공식화된 이후 지금까지 유지되고 있다.

권력투쟁 도구로 시작된 지방자치

우리나라 초대 대통령은 국민이 직접 뽑지 않았고, 국회에서 선출했다. 또 1970년대 유신시대와 1980년대 5공화국 때는 국민이 선거인단을 뽑고 거기에서 대통령을 선출했다. 국민의 직접 선출권이 제약받던 시기였다. 국회의원선거에는 전국구의원제(비례대표제)가 도입되기는 했지만, 제헌 이래 오늘까지 국민이 직접참정권을 행사하고 있다.

지방선거는 오랫동안 중단되었다가, 1991년 지방자치제가 부활하면서 30여 년 만에 재개되었다. 단체장까지 포함한 동시 선거는 1995년부터 실시했다. 기초·광역 지방의원만 뽑았던 1991년 선거에서는 기초의원(3월 26일)과 광역의원(6월 20일)을 별도의 날짜를 정해 선출했다. 단체장을 포함한 전국동시지방선거는 1995년에 처음 시작되어 2022년에 8회를 맞이했다.

1991년 지방자치가 부활되었다고 표현했는데, 애초에 '지방자치법'은 제헌헌법에 규정된 지방자치 규정에 따라 1949년 7월 4일에 제정되었다. 1949년 8월 15일에 시행하기로 했으나 법을 몇 차례 개정하고 1950년 6월 25일 한국전쟁이 발발하면서 결국 시행하지 못한다.

그러다가 1952년 전쟁에 지방선거를 실시한다. 전쟁 상황이라 지방자치 선거를 치르기에는 어려운 시기였다. 실제로 서울, 경기, 강원 같은 미수복 지역에서는 도의원선거를 치르지 않았고, 연기되는 곳도 있었다. 우리 학계에서는 이런 상황에서 지방선거를 강행한 것은 당시 이승만 정권이 국회를 압박하기 위한 수단으로, 즉 정치 전략 차원에서 실시했다는 해석을 대체로 받아들이고 있다.

우리나라의 제헌헌법 체제를 보면 대통령은 국회에서 선출해 이승만이 초대 대통령으로 당선되었다. 그런데 이 대통령은 자신을 선출한 국회와 갈등한다. 국가가 분단된 상황에서 체제와 이념을 둘러싼 갈등뿐 아니라 이승만의 독선에 대한 불만도 컸다. 그래서 이승만 대통령은 국민이 대통령을 직접 뽑는 방식으로 개헌을 추진한다. 이 과정에서 대통령을 지지하는 여당을 만들었다. 초기 국회는 여야가 구분되는 구조가 아니었다. 여당이 따로 없으니 여야 정당 체계가 아니었다. 이승만 스스로도 하나의 민족이 파당으로 갈린다는 점에서 정당정치 자체를 비판했다. 그런데 국회에서 비판 세력이 커지자 자신을 지지하는 정당 세력, 즉 여당을 만들게 된다. 그렇게 1951년 12월 '자유당'이 우리나라 최초의 여당으로 등장한다. 흥미로운 것이, 정당을 토대로 집권해 여당이 된 것이 아니라 집권 대통령을 중심으로 여당을 만들었다는 점이다. 이런 양상은 이후에도 민주공화당(공화당, 박정희 정권), 민주정의당(민정당, 전두환 정권) 등이 보여주듯이 상당 기간 지속된다.

1952년의 지방자치 실시는 집권 여당 창당, 대통령직선제 개헌과 더불어 이승만 정권의 권력 유지 전략이었다고 하겠다. 1987년 민주화의 목표이자 성과였던 대통령직선제와 지방자치제가 한국전쟁 시기 추진되었던 배경에는 오히려 반민주적인 동기가 있었던 것이다. 당시 대통령직선제 개헌은 처음에는 부결되었다. 그러나 이승만 진영이 국회 해산 등으로 국회를 협박하며 밀어붙인 이른바 '부산정치파동'을 거쳐 편법으로 1952년 직선제 개헌이 관철된다. 이것이 우리나라 최초의 개헌으로, 발췌 개헌으로도 불리는 1차 개헌이었다.

민주화와 지방자치제의 부활

한국전쟁 중에 실시되었던 지방자치제는 시·읍·면 의원과 도의원만을 선출했다. 1991년에 부활했을 때도 기초의원, 광역의원만 선출했다. 1952년 지방선거 이후 읍면장 직선제가 도입되는 등의 변화가 있었다. 그러다가 4·19 이후 수립된 2공화국 정부에서 기초·광역 지방의원, 단체장 전면 직선제가 도입된다. 1960년 12월에 선거가 실시되었다가, 5·16으로 5개월 만에 붕괴되었다. 그 뒤 30여 년 동안 실시가 유보된다. 물론 헌법에 지방자치 관련 조항은 유지되었다. 지방자치법을 제정하거나 선거를 시행하지 않으면서 관련 조항은 유지했던 것이다.

한때는 남북 분단 상황이 지방자치 유보의 이유였으나, 이후에는 지방재정 자립도 등 지방자치 능력을 갖출 때까지 유보한다고 이유를 내세웠다. 그러다 민주화 이후 30년 만인 1991년 지방선거가 부활한 것이다. 당시 집권 여당 민자당(민정당)이 6·29 선언으로 지방자치제 부활을 약속했음에도 소극적 자세로 지체하려 하자 평민당의 김대중 총재 등이 단식 농성으로 압박해 관철한 것이다.

1995년 동시지방선거 때부터 지방선거에도 정당별 비례대표제가 도입된다. 지역구 후보자의 득표율에 따라 정당별로 비례대표를 배분했는데, 2001년 그런 배분 방식이 위헌이라는 판정을 받았다. 헌법재판소의 판결은 국회의원선거를 사례로 한 것이었지만, 지방선거도 마찬가지였다. 그래서 2002년 지방선거 때부터 지역구 후보에 대한 투표와 정당에 대한 지지투표를 따로 표시하는 1인2표제가 실시된다. 국회의원선거에는 2004년 17대 총선 때부터 적용되었다.

정당 비례대표제의 도입

1995년부터 도입된 지방선거 비례대표제는 2002년 선거 때까지 광역의원에 한정되어 있었다. 기초의원은 정당 추천 자체가 배제되었기 때문에 정당 비례의 적용 대상이 아니었다. 그러나 2006년 지방선거부터 기초의원도 정당 공천을 허용하면서 비례대표제가 적용되었다. 물론 기초의원의 정당공천제에 따른 문제는 지속적으로 제기되었고, 예전처럼 정당 공천을 배제해야 한다는 주장도 꾸준히 나오고 있다.

또 교육 부분까지 자치가 확산되어 한때는 교육위원도 선출했고, 지금은 광역 단위의 교육감 직선제 체제가 교육자치의 중심이 되었다. 교육의 중립성 등을 강조하며, 교육감 후보는 정당 공천을 배제한다. 나아가 후보 등록 1년 전까지 정당 활동 경력이 없어야 한다는 조건도 규정해 제도적으로 정치화의 위험성을 경계하고 있다. 그렇지만 실제로는 교육감 후보들의 정치 성향이 주목받고 있으며 쟁점이 된다. 이에 과도한 정치화의 폐해를 언급하면서 직선제 자체를 다시 검토해야 한다는 의견도 있고, 오히려 선거 비용이나 책임성을 고려할 때 정치적 책임에 연계하는 방식으로 명실상부하게 정당 공천을 할 필요가 있다는 주장도 나온다.

분권의 확대는 지방자치의 확대와 맞물려 있다. 자치경찰제 또한 도입 과정에 있다. 자치경찰제와 더불어 공권력 행사와 관련해 검경 지도부의 직선제의 필요성도 제시되고 있다. 우리의 지방의회나 자치단체 단위를 '지방정부'라고 부르지 않고 지방자치단체로 부르는 점도 특이하다(헌법 제117조). 지방정부가 아니라 법인이다(지방자치법 제3조). 이는 우리의 지방자치 수준을 상징적으로 말해주는 것이라 할 수 있겠다. 그래서 일부에서는 헌법에 규정된 지방자치단체라는 개념부터 개정해야 한다는 견해도 있고, 현행 헌법 체계는 유지하더라도 '지방자치법'에 지방정부의 개념을 넣어 지방분권을 강화해야 한다는 입장도 있다.

우리 지방정부의 형태는 모두 중앙정부의 대통령제처럼 단체장-지방의원의 직선 구조로 되어 있다. 2020년 말 '지방자치법' 전부개정을 통해, 현실적인 가능성을 떠나 각 지자체별로 현행 대통령제형만이 아니라 자율적인 지방정부 형태를 꾸릴 수 있는 근거가 마련되기는 했다. 아직 관련 법도 마련되지 않은 상태기는 하지만, 향후 내각제형, 위원회형 등 각 지방정부 나름대로 다양한 지방정부 형태를 모색해 볼 수 있을 것이다.

대통령직선제, 의회주의, 포퓰리즘

1차 개헌 과정에 있었던 '부산정치파동' 이야기를 해보자. 이승만 정부 2년을 거치면서 국회 내에서 이승만 대통령에 대한 비판 분위기가 점차 커졌다. 여기에 1950년 5월 30일 한국전쟁 직전 치른 제2대 총선으로 구성된 2대 국회는 이승만 대통령에 비판적인 세력이 압도했다. 무소속도 60%가 넘었다. 아직 정당정치가 자리 잡기 전이기는 했지만, 우리 국회 역사에서 무소속이 가장 많았던 국회가 바로 이 제2대 국회다. 당시 우리 헌법에는 대통령을 국회에서 선출하도록 되어 있었으므로, 당연히 이승만 초대 대통령은 국회에서 선출되었다. 그런데 이승만에 대한 비판적인 분위기가 커진 상황에서 이승만의 대통령 재선은 불확실했다. 그대로는 사실상 재선이 불가능한 수준이었다는 주장도 있다. 그래서 이승만 대통령은 국회에 의존하는 권력 구조가 아니라 국민이 직접 선출하는 대통령직선제로 개헌을 시도한다. 이승만 측에서는 국민의 뜻과 다르게 국회의원들이 서로 결탁하는 국회가 더 문제라고 주장했다.

이승만의 대통령직선제 개헌 동기

당시 분위기는, 국회의 반대에 비해 일반 국민의 이승만 지지는 상대적으로 높은 편이었다고 한다. 또 국민 지지를 쉽게 동원하고 조작할 수 있는 시대이기도 했다. 국민을 직접 동원하는 포퓰리즘 전략은 기존 체제를 뛰어넘는 혁명의 자원이 될 수도 있지만, 기성 권력의 전제적 패권 전략으로 활용될 수도 있다.

동서양 정치사를 보면 제도를 무시하는 전제적 권력이 대체로 국민, 민중을 파는 경우가 적지 않았다. 로마시대에 공화파와 제왕파가 대립할 때 제왕파가 포퓰리즘, 즉 민중주의자들과 연합했고, 나치나 파시즘도 포퓰리즘 전략을 구사했다. 오늘날의 대의민주주의 체제에서도 제도화된 의회를 무시하려는 정치 리더십이 그렇다. 물론 의회나 정당 같은 제도화된 기성 체제에 따르는 것보다 국민의 직접적인 참여가 더 민주적일 수도 있다. 그러나 새롭게 도전하는 세력이 아니라 기존 권력이 동원하는 포퓰리즘은 말 그대로 권력에 동원된 국민의 의사다. 권력자의 자의적 의사가 국민의사로 포장될 위험성을 안고 있다는 점을 간과해서는 안 된다.

지금도 그렇지만 당시 개헌은 국회의 동의를 받아야 했다. 그런데 국회를 뛰어넘기 위해 바꾸려는 개헌안을 국회에서 통과시키기 어려운 것은 자명했다. 당시는 한국전쟁 중으로 우리 정부가 부산으로 피난해 있었다. 부산이 임시수도였으므로, 국회도 부산에 있었다. 1952년 1월 18일 국회는 제출된 직선제 개헌안을 부결한다. 그렇지만 이렇게 끝나지 않았다.

이승만 정권은 지지 세력과 관변 청년 조직 등을 동원해 국회의원 소환, 국회 해산을 요구하는 관제 데모로 국회를 압박한다. 1951년 12월에 창당된 원외자유당이 관제 데모의 중심 조직이었다. 12월 23일 창당된 자유당은 당시 원내자유당과 원외자유당 두 개로 출범했다. 이범석 등이 이끌던 원외자유당은 관제 데모를 주도하면서 사실상 자유당의 주도 세력이 되었다.

국민방위군사건과 서민호의원 재판

국회의원 소환, 국회 해산을 외치는 관제 데모는 서민호 의원 석방을 계기로 더 거세졌다. 국민방위군사건 조사단장 서민호 의원이 충돌하던 상대 군인을 향해 총을 쏴 사망하는 사건이 일어났다. 한국전쟁 당시 민간인을 채용해 제2국민병으로 구성한 군대가 국민방위군이었는데, 중공군의 진격에 맞서 50만 명이 징집되었다. 그런데 국민방위군 관련 간부들이 자금과 군수물자를 착복해, 국민방위군은 정작 제대로 지원받지 못했다. 동사하거나 손발가락이 잘리는 등 20만 명 이상의 동상자가 발생하는, 상상도 못할 일이 벌어진 것이다. 조사에 불만을 품은 쪽 군인이 저격하려 하자 서민호 단장이 이에 맞서 정당방위를 행한 것인지, 우연한 충돌이었는지를 놓고 논란이 일었다.

국회에서는 정당방위인데도 정치적 책략으로 군사법정이 구속한 것이라며 석방 결의를 통과시킨다. 물론 서민호 의원이 당시 정부 입장에서는 눈엣가시였다. 국민방위군사건 조사단장일 뿐 아니라 이승만 대통령의 개헌 시도에 집권 연장 책략이라고 강하게 맞선 의원 중 한 명이었기 때문이다. 5월 19일 서민호 의원이 석방되자, 우익단체

등이 총동원된다. 부산 시내는 민족자결단·백골단·땃벌떼 등 각종 정체불명 단체들이 가세한 관제 데모로 전쟁의 와중에 혼란이 가중된다. "살인 국회의원 석방한 국회는 해산하라" 등의 구호를 외치며 정부와 국회, 대법원청사를 포위·습격하기도 했다. 우리 정치사를 보면 권력을 호위하는 강경 지지 세력이 적지 않게 있어왔다. 요즘은 관제 지지나 충성파들이 문자, SNS 등을 도구로 삼는 시대다.

서민호 의원은 민간법원 1심에서 정당방위가 인정되어 무죄를 선고받았는데, 이승만 대통령은 이에 분노했다고 한다. 이승만의 분노에 대응한 김병로 초대 대법원장의 이야기가 자주 인용되기도 한다. 김병로 초대 대법원장은 독재정권과 혼란의 시기에도 우리 사법부의 독립과 양심을 지킨 법조인의 사표로 불린다. 당시 민간재판 1심에서 무죄 판결이 내리자 격분한 이승만 대통령이 장관들이 모인 공식석상에서 김병로 대법원장에게 흥분한 어조로 "그런 재판이 어디 있느냐, 현역 장교를 권총으로 쏘아 죽였는데 무죄라니 그게 말이 되느냐"라고 따져 묻자 김병로 대법원장은 이렇게 말했다고 한다.

판사가 내린 판결은 대법원장인 나도 이래라저래라 말할 수 없는 겁니다. 무죄 판결이 잘못되었다고 생각하면 절차를 밟아 상소하면 되지 않습니까?

그 후 서민호 의원은 8년 형이 확정되어 복역했다.

부산정치파동과 1차 개헌(발췌개헌)

대통령직선제를 관철하려는 이승만 정권은 1952년 5월 25일 부산을 비롯한 23개 시·군에 계엄령을 선포했다. 국회의원도 12명을 구속했다. 26일에는 국회에 등원하던 국회의원 40여 명이 탄 통근 버스를 크레인으로 끌어 헌병대에 연행했다. 국제공산당과 관련된 정치자금이 유입되었다는 이유를 댔다. 미국을 비롯해 국제적으로 비난 여론이 쇄도하자 대통령 이승만은 6월 4일 국회 해산을 보류한다고 표명했지만, 개헌은 그대로 추진한다. 2대 부통령 김성수도 이승만의 전횡으로 사임했다. 거창양민학살사건과 국민방위군사건을 비롯한 이승만 정권의 실정과 부패에 항의하며 초대 부통령 이시영이 사임한 데 이어, 2대 부통령마저 이승만의 전횡으로 중도 사임한 것이다.

이승만 세력은 반발을 무력화한 후 대통령직선제 개헌안을 결국 관철한다. 대통령직선제 정부안과 내각책임제 국회안을 발췌·혼합해 이른바 '발췌개헌안'으로 통과시킨 것이다. 두 개헌안을 발췌해 혼합한 것은 일사부재의 논란을 피하면서 부결된 개헌안을 통과시키기 위한 전략이었다. 7월 4일 경찰과 군인들이 국회의사당을 포위한 가운데 국회의원들은 기립 투표 방식으로 발췌개헌안이 통과되었다. 출석 의원 166명 중 찬성 163표, 반대 0표, 기권 3표로 사실상 참석 의원 전원 찬성으로 통과된 셈이다. 이런 정치파동, 이른바 부산정치파동을 거치면서 우리 헌정사의 맨 처음 개헌이 이뤄진다. 한국의 제왕적 대통령제의 원형이 이때부터 출발했다고 볼 수 있다.

내각책임제 국회 개헌안을 발췌했다고 했지만, 상하 양원제에다 국무위원 해임 건의권 등을 집어넣은 정도였고, 개정된 헌법 내용의 핵심은 내각제적 요소에 반하는 국회로부터 자유로운 제왕적 대통령제였다. 헌법에 실시 시기를 확정해 규정하지 않았던 양원제는 이승만 정권 시기에 시행되지 않았다. 이 제도는 이승만 정권이 물러나고, 내각책임제 체제로 개헌되었던 4·19 이후 제2공화국 시기에 잠깐 채택되었다.

우리 헌법 개정의 역사가 집권 세력의 권력 유지 전략으로 시작되었다는 점이 매우 안타깝다. 참고로 미국 헌법의 1차 개헌, 즉 수정1조는 오히려 절대 기본권을 확인하고 강화하는 내용이었다.

의회는 종교를 수립하거나, 자유로운 종교 활동을 금지하거나, 발언의 자유를 저해하거나, 출판의 자유, 평화로운 집회의 권리, 그리고 정부에 탄원할 수 있는 권리를 제한하는 어떠한 법률도 만들 수 없다.

사사오입까지 동원된 2차 개헌

이승만 정권 시기 또 한 번의 개헌이 있었다. 말 그대로 2차 개헌인데, 나중에 설명하겠지만, 사사오입을 동원해 개헌했다고 해서 '사사오입 개헌'이라고 부른다. 1차 개헌이 부산정치파동이라는 억압과 권력을 동원한 개헌이었다면, 2차 개헌 역시 편법을 동원한 사실상의 위헌적 개헌이었다. 둘의 공통점은 이승만 정권의 권력 유지를 위한 개헌이었다는 점이다.

1948년 제헌헌법에서 국회의 간접선거를 통해 당선된 이승만 대통령은, 1952년 대통령직선제로 헌법을 개정(발췌개헌)한 후 당선되어 재선에 성공한다. 이승만 세력은 재선 후에도 더 집권하고자 했다. 헌법에는 1차에 한해 중임할 수 있다고 제한하고 있었다. 이에 이승만과 자유당은 중임 제한 철폐를 3대 총선부터 준비했다. 1954년 5월 20일에 실시된 3대 국회의원 총선에서, 3선 개헌에 찬성하는 사람을 후보로 추천해 다수 당선시켰고, 무소속 의원들도 다수 끌어들임으로써 개헌 정지 작업을 진행했다.

마침 그 시점에 UN에서 한국 통일을 위해 선거안이 제기되었다. 이승만 정부는 이에 대해 국가 안위에 관한 사안은 국민의 의견을 들어야 한다고 주장하고, 국민투표제가 필요하면서 국민투표제를 포함해 현행 대통령의 3선 금지 예외 조항을 골자로 하는 개헌안을 제출한다. 1954년 11월 27일 국회에서 비밀투표를 실시한 결과, 재적 의원 203명 중 202명이 참석해 찬성 135표, 반대 60표, 기권이 7표로 나왔다. 개헌 가능 정족수가 재적 의원 2/3 이상이었으므로, 찬성이 136명이어야 하는데 1명이 부족해 부결이 선포되었다.

그런데 자유당에서는 203명의 2/3는 135.33인데 0.33은 자연인으로 존재할 수 없으니, 사사오입을 적용해 2/3는 135이므로 가결이라고 주장한다. 물론 2/3 이상이므로, 논리적으로 그 이상이 되려면 최소 136명이 되어야 한다. 그러나 자유당은 의원총회에서 사사오입 논리를 동원한 가결 전략을 채택해 국회에서 재론하기로 한다. 이에 반발한 야당 의원들이 모두 의사당에서 퇴장했다. 자유당 의원만 남은 자리에서 125명 중 123명이 찬성해(김두한, 민관식 의원만이 반대했다), 11월 29일 개헌안이 통과된 것으로 결정한다. 개헌 성립 여부를 일반 의결 정족수로 한 것도 말이 안 되는 것이었다. 개헌 의결 정족수는 재적 의원 2/3인데, 그 2/3 의결을 뒤엎는 결정을 과반의 의결로 통과시켜 버린 것이다.

이 2차 개헌은 여러 면에서 위헌, 불법적인 개헌이었다. 핵심 내용인 중임 제한 문제는 본문 개정이 아니라, 중임 제한 규정인 당시 헌법 제55조 1항의 단서 조항(대통령과 부통령의 임기는 4년으로 한다. 단, 재선에 의하여 1차 중임할 수 있다)을 "해당 헌법 공포 당시의 대통령에 대해서는 적용받지 않는다"라는 부칙을 넣어 해결한다. 보통 개헌 당시의 권력자에게는 더 제한을 두는 것이 상식인데, 오히려 예외로 했다. 물론 내부적 논리는 국부인 초대 대통령이기 때문에 중임 제한을 받지 않아야 한다는 것이었다. 이 개정헌법을 토대로 이승만은 1956년 대통령에 당선되어 3선 대통령의 뜻을 이룬다.

이승만은 네 번째 대선에서도 당선되었으나, 4·19를 거치며 이는 무효가 되었다. 박정희는 3공화국에서 3선을 하고, 유신체제에서 두 번을 더해 5선 대통령이 되었다. 이승만 대통령은 12년, 박정희 대통령은 대통령으로 16년에다 그 전인 5·16 직후 2년까지 포함하면 18년을 집권한 셈이다. 전두환도 형식상으로는 2선 대통령이었다. 유신헌법으로 6개월 정도 하고, 개헌을 한 뒤 5공화국 대통령으로 7년을 지냈다. 전두환도 1979년 말부터 실권을 행사한 것을 포함하면 8년 정도 집권했다고 할 수 있겠다.

대조되는 초기 헌정사, 한국과 미국

이승만 정권 시기에 두 번 실시된 개헌 모두에 협박과 불법이 동원되고, 정권 연장을 목적으로 했다는 점은 한국 민주주의의 초기 어두운 역사다. 미국의 초대 대통령 워싱턴(George Washington)은 주위의 3선 권유에도 권력에 대한 욕망을 제어함으로써 민주주의 전통을 수립하여 역사의 초석을 놓았다. 이처럼 초기 전통이 수립되었기 때문에 미국 헌법은 중임 제한 규정이 없음에도, 프랭클린 루스벨트(Franklin Roosevelt)가 4선을 기록하기 전까지, 재선까지 하고 물러나는 절제 전통이 지켜질 수 있었다. 루스벨트가 4선을 한 이후, 재선까지만 허용하는 규정이 미국 헌법에도 도입되었다(수정헌법 제22조, 1947년 3월 21일 발의되고, 3/4 이상의 주 의회 동의를 거쳐 1951년 2월 26일 비준되었다)이 도입되었다.

물론 이와는 반대로 공화정 체제에서 왕정으로 돌아간 경우도 있다. 프랑스에서는 혁명으로 공화정이 만들어졌지만, 대통령으로 선출된 나폴레옹 3세가 헌법을 개정해 제정(왕정) 체제의 황제가 되었다. 미국의 조지 워싱턴 대통령에게도 종신 대통령을 권유하는 세력이 있었다고 한다. 그러나 3선마저 거절하고, 재임 후 물러나 포토맥 강변의 마운트버넌으로 돌아갔다.

사실 이승만에 대한 중임 제한 예외 규정의 배경에도 건국의 아버지라는 측근들의 추대가 있었다. 일종의 제왕 같은 인식이 있었던 것이다. 그래서 2차 개헌의 핵심인 중임 관련 조항이 '대통령의 1회 중임을 허용하는 단서 조항'을 현행 대통령에게는 적용하지 않는다고 되어 있지만, 실제로는 초대 대통령 이승만은 예외로 한다는 의미였다. 그래서 2차 개헌(사사오입 개헌)을 두고 흔히 초대 대통령의 중임 제한 철폐라고 말한다.

이승만 정권 시기 개헌의 불행한 역사는 다시 박정희 정권의 3선 개헌과 유신체제로 이어졌다. 박정희 정권은 정권 연장을 위해 3선 개헌,

유신 개헌을 단행했다. 내란 목적 살인과 권력남용 등으로 처벌받은 전두환 전 대통령은, 이에 비해 본인은 7년 단임의 약속을 지켰다는 점에서 한국 민주주의에 새로운 기여를 했다고 주장하기도 했다. 물론 그의 반민주적 집권 과정을 생각한다면 민주주의에 대한 기여를 운운할 입장은 결코 아니었다.

국회의원에게도 연임 제한이 필요할까?

민주당과 국민의힘 혁신위원회 모두에서 국회의원들의 동일 지역구 연임을 3선으로 제한하자는 주장이 나오고 있다. 현재 세 번까지만 연임이 가능한 자치단체장 임기 제한을 국회의원에게도 적용하자는 것이다. 이뿐 아니라 지방의원에게까지 적용하자는 의견도 있다. 국회의원 연임 제한은 20대 국회에서도 국민의당 이용주 의원, 안철수 의원, 정의당의 이정미 의원 등이 거들고 나섰는데, 입법에까지 이르지는 못했다. 우리나라 역대 국회에서 초선 의원의 비율이 낮은 것은 아니지만, 다선에 따른 기득권 문제를 해결하고 정당정치의 활력을 주기 위해 필요하다는 주장이다.

역대 국회별 초선 의원 비율을 보면 평균 50%를 넘는다. 절반 이상이 총선마다 초선으로 바뀌었다는 것이다. 2020년에 치른 21대 총선에서는 300명 중 151명이 초선 의원으로, 절반이 넘었다. 이후 재선 의원인 김진애 의원이 그만두면서 김의겸 의원에게 승계하여 초선 의원 수가 152명이 되었다. 상대적으로 초선 비율이 낮았던 2016년의 20대 국회는 초선 비율이 40.7%였다.

20대 총선에서는, 이후 연임제한법을 추진한 이용주, 안철수 의원이 소속된 국민의당이 60.5%로 초선 의원이 오히려 가장 많았다. 당시 국민의당은 예상 밖의 비례대표 정당 득표로 13명의 비례대표를 배출했는데, 한 명을 제외한 12명이 신인이었다. 정치 신인들 눈에 현역 기득권의 문제가 크게 들어왔는지도 모른다. 연임 제한은 몇 번 연임하고 은퇴해야 한다는 취지가 아니라, 한 지역구에서 연임하는 것을 제한한다는 의미다. 다른 지역구로 옮기는 것이나 중임을 제한하는 것이 아니므로, 쉬었다가 다시 출마할 수도 있다. 일례로 3연임 제한이 있는 단체장 중에서 전 서울 성동구청장, 동대문구청장 등이 중간을 건너뛰어 4선 구청장을 지내기도 했다. 오세훈 시장의 경우도 재선 이후 다시 보궐선거와 재선에 성공해 횟수로는 4선이 된다. 서울시장 최초의 4선이라고 한다.

미국의 경우도 의원 연임 제한 입법이 몇 번 추진되었다. 그러나 연방 차원에서는 입법에 이르지 못했다. 그 자리를 차지하고 있는 기존 의원들이 반대한 것이다. 주 단위별로 캘리포니아 등 여러 주에서 연임 제한을 시행 중이다. 연임 제한 효과에 대한 연구도 이루어졌는데 그에 대한 평가는 긍정적이었다. 대체로 연방 차원에서도 적용할 필요가 있다는 것이 결론이었다.

입법의 당사자인 국회의원들이 자신의 불이익을 감내하는 법을 가결하도록 하는 것이 쉽지 않아 그런지, 세계적으로도 국가 수준의 의원 연임 제한 사례를 찾기는 쉽지 않다. 멕시코, 칠레, 코스타리카 같은 중남미 일부 국가들에서 연임을 제한하고 있다.

한편 의원들의 전문성과 연속성을 강조하는 사람들도 있다. 우리나라에서 최다선 의원은 누구일까? 9선이 최다선으로, 총 세 명이 있다.

김영삼 전 대통령, 김종필 전 총리, 박준규 전 국회의장이다. 20대 국회 때는 서청원 의원(새누리당 → 자유한국당 → 무소속)이 8선으로 최다선 의원이었고, 21대 국회에서는 6선의 민주당 박병석 의원이 최다선으로 21대 전반기에 국회의장을 지냈다.

미국에는 30선 의원도 있다. 미국 하원은 2년 임기이니 총 60여 년을 재임한 것이다. 1926년생인 민주당의 딘젤 주니어(John Dingell Jr.)는 1955년부터 2015년까지 하원의원으로 재임했다. 1935년부터 1955년까지 재임한 그의 아버지 딘젤 시니어(John Dingell Sr.)가 사망한 이후 직을 승계했으니 부자가 80년 동안 미시간 하원의원을 독점한 것이다. 일본에서는 2009년 선거에 패해 정계에서 은퇴한 가이후 도시키(海部俊樹) 의원이 16선으로 49년 재임했다.

우리나라 최다선 의원 중 한 사람인 김종필 전 총리도 10선이 되어 단독으로 최다선 의원이 될 뻔했다. 2004년 17대 총선에서 자민련 비례대표 1번으로 나섰는데, 3%에 아슬아슬하게 못미처 비례대표를 배정받지 못했다. 그 이후 정계를 완전히 은퇴했다. 그때 자민련이 비례대표 배정에서 턱걸이도 못하면서 열린우리당과 민주노동당이 비례의석 한 석씩을 더 배정받게 되었다. 민주노동당의 경우 이렇게 해서 8석을 배정받았는데, 이때 8번으로 당선되어 활동한 파란의 진보정치인이 바로 노회찬이었다.

역대 대통령의 의회정치 경력

김영삼 전 대통령도 역대 최다선인 9선 의원 중 한 명이라고 했는데, 김대중 전 대통령은 6선이었다. 김대중 전 대통령의 경우 한 번은 비례대표 후순위에 올렸다가 탈락한 적도 있다. 1996년 15대 총선에서 자신이 주도해 새로 창당한 '새정치국민회의'의 전국구 14번에 올렸는데 당선되지 못하고, 그다음 해에 대선에서 대통령에 당선된다. 군사쿠데타를 토대로 대통령이 된 박정희, 전두환은 국회의원을 한 적이 없다. 전두환 정권을 승계한 노태우 대통령은 전두환 정권 시 여당인 민정당의 비례대표 국회의원을 한 번 하고 대통령 후보가 되었다.

초대 대통령 이승만은 제헌의회 의원으로 당선된 뒤 국회 선출 방식으로 대통령을 시작했다. 제2공화국 내각책임제 체제에서 대통령을 했던 윤보선은 국회의원에 당선된 상태로 국회에서 대통령에 선출되었다. 이후 박정희와 경쟁하며 대통령선거에 두 번 도전했으나 실패했다. 중간에 전국구 국회의원에 한 차례 당선되어 4선을 지낸 셈이다. 노무현 대통령은 부산과 종로에서 한 번씩 당선되어 재선 의원으로 활동한 뒤 대통령에 오른 것이다. 이명박 대통령은 14대 총선은 전국구, 15대 총선에서는 종로에서 지역구로 당선되어 재선 의원을 지내다가 선거법 위반 재판 중에 중도 하차했다. 이후 서울시장에 당선되었고, 이때의 경력이 주목받으면서 대통령에 도전해 당선된 것이다.

박근혜 대통령은 5선 임기 중에 대통령선거에 나서면서 의원직을 사퇴했다. 우리나라 여성 의원 중 최다선인 5선을 지냈다. 박근혜 전 대통령을 비롯해 박순천, 이미경 전 의원, 추미애 의원이 모두 5선으로, 여성 최다선 의원이다. 국민의힘 김영선 의원도 2022년 6월 보궐선거를 통해 5선이 되었다. 문재인 대통령은 초선 의원을 지내고 대선에 도전해 당선되었다. 2012년 5월 9일 첫 국회의원 도전은 대통령 후보로 나서기 위한 정치 입문 과정이었다. 그런데 그해 12월 대통령선거에서 패배한다. 그리고 잘 알다시피 2017년 5월 9일 탄핵으로 앞당겨진 대통령선거에서 당선되었다. 대통령의 의회정치 경력은 대통령과 국회와의 관계에서 참고할 만한 자료다. 물론 단순히 의원 역임 횟수 문제가 아니라, 그 당시 의회정치 상황에 대한 경험이 중요할 것이다.

현 윤석열 대통령은 이른바 0선 대통령이다. 국회의원을 한 번도 하지 않았다. 국회의원뿐만이 아니라 정치 경력 없이 검사와 검찰총장을 지내고 대선 후보로 직행해 당선되었다. 당시 상대 민주당 후보였던 이재명 역시 자치단체장 경험은 있지만 국회의원 경력은 없는 0선 후보였으므로, 2022년 20대 대선을 두고 0선 후보들의 대결이라고도 했다. 국회의원 경력뿐 아니라 정치 경험이 거의 없는 윤석열 대통령은 국회 시정연설에서 의회주의를 강조했다. 참신성과 몰이해의 양면성 중 어느 쪽이 더 발휘될 수 있을지 지켜볼 대목이다.

사사오입 개헌에 맞선
통합야당운동

호헌동지회의 통합야당운동

2차 개헌에 대한 반발은 통합정당운동으로 이어진다. 위헌, 불법적인 개헌에 반대하고 기존 헌법 질서를 지키자는 호헌운동이 전개되면서 '호헌동지회'를 중심으로 통합야당운동이 전개된다. 국가의 기본 질서를 규정하는 헌법 개정은 매우 중요한 정치 변동이다. 중요한 정치 변동의 결과가 개헌으로 이어지기도 하고, 개헌 때문에 새로운 정치 상황이 전개되기도 한다.

사사오입 개헌 이후 호헌동지회를 중심으로 전개된 반이승만 통합 신당운동은 완전한 통합을 이루지 못한 채, 제1야당 민주당이 출범한다. 조봉암을 중심으로 한 진보 계열을 포함할지를 놓고 논란을 벌이다가 결국 배제한 것이다. 1954년 11월 29일의 사사오입 개헌에 반발한 야당통합운동은, 1955년 9월 18일 민주당의 태동으로 일단락된다. 진보 계열이 참여하지 못했지만, 기존의 제1야당인 민국당에다가 무소속, 그리고 사사오입 개헌을 계기로 여당인 자유당에서 탈당한 인사들이 여기에 합류했다.

1954년 5월 3대 총선에서 자유당 소속으로 만 25년 6개월의 나이로 당선되어 최연소 국회의원으로 기록에 남은 김영삼도 자유당을 탈당해 민주당으로 합류했다. 이제는 우리 정치사에 몇 번에 걸친 여야 간의 정권교체가 있었지만, 정권교체가 없던 시절 야당은 민주화 진영을 상징했다. 바로 그런 의미에서 1955년에 출범한 민주당을 야당의 적통으로 말하기도 한다. 더불어민주당에서도 1955년 민주당을 자신들의 뿌리라고 말하고 있다.

물론 현재의 더불어민주당 계보를 보면 좀 다른 측면이 있다. 뒤에 좀 더 상세히 논의하겠지만, 민주화 이후 김영삼 세력, 김대중 세력, 노무현 세력 등 몇 번의 세력 재편이 있었다. 현재의 더불어민주당은 노무현 전 대통령 세력이 중심이었던 2003년의 열린우리당에 바탕을 두고, 문재인 정부와 이재명 체제를 거치면서 그 성격이 변해왔다.

1955년의 민주당, 신익희 후보

1955년 9월에 출범한 민주당은 다음 해인 1956년의 3대 대통령선거에서 신익희를 후보로 내세웠다. 물론 상대는 이승만 당시 대통령이었다. 이 3대 대선은 몇 가지 점에서 정치사적으로 새겨볼 만하다. 첫째, 2차 중임까지만 허용된 헌법 체계에서는 불가능했던 이승만의 3선 도전이 불법적인 개헌을 통해 이뤄져 집권 연장에 성공한다. 둘째, 여당·야당 관계가 뚜렷해지면서 야당 후보의 도전이 주목을 받은 선거였다. 야당인 민주당의 신익희 후보는 "못살겠다 갈아보자"를 선거 구호로 사용했다. 이후 상당 기간, 야당이 여당을 공격하는 선거 캠페인의 모델이 되었다. 신익희 후보는 유세 도중 사망해 최종 경쟁까지는 가지 못했다.

당시 신익희 후보의 유세에 군중 20만 명이 모였다는 보도도 있었
다. 물론 요즘의 대중집회 규모를 두고도 그렇지만, 자료만 봐도 당시
유세 군중 규모가 20여만 명에서 수만 명으로 집계상 차이가 크기는
하다. 당시 수십만 명이 모이는 유세장은 어디였을까? 1970년대에는
장충단공원, 효창운동장 등이 대규모 유세 장소였고, 1980년대는 여
의도광장과 신길동 보라매공원이 있었다. 현재 여의도광장은 여의도
공원으로 바뀌어 광장이 없어졌고, 보라매공원에도 아파트 단지가 들
어섰다. 어쨌든 1950년대 대규모 군중이 모일 수 있는 장소는 한강 백
사장이나 흰모래해수욕장 같은 곳이었다. 지금은 한강이 정비되어 모
래강변은 없다. 그 대신에 고수부지, 둔치가 여기저기 공원 역할을 하
고 있다.

조봉암과 진보당사건

앞서 3대 대통령선거에서 새겨볼 만한 정치사적 의미를 두 가지 지
적했다. 하나 더 덧붙여 보자면 우리의 역대 대선에서 진보정당 후보
가 최고 득표를 하며 집권당 후보와 맞선 선거였다는 점이다. 제1야당
민주당의 신익희 후보가 중도에 사망하면서, 진보당의 조봉암 후보가
결과적으로 야당의 대표가 되었다. 이승만 55.66%, 조봉암 23.66%
득표 차는 컸다. 사망한 신익희 후보에 대한 이른바 추모표까지 있어,
당시 무효표가 20.48%나 되었다. 참고로 3대 대통령선거 때 투표율은
94.4%로, 역대 대통령 직접선거 투표율 중 가장 높게 기록되어 있다.
진보당은 통합야당에 합류하지 못했거나 거부했던 조봉암과 같은

혁신 계열이 1956년 독자적으로 창당한 정당이다. 이 진보당 후보로 조봉암이 나섰다. 조봉암은 일제 치하에서 조선공산당에 속해 활동을 했었는데, 해방 이후 공산당과 결별하고 이승만 정부에서 초대 농림부 장관을 지냈다. 최초의 직선 대통령선거인 2대 대통령선거에 무소속 후보로 나서기도 했는데, 그때는 74.6%의 압도적인 지지를 받은 이승만에 이어 11.4%로 2위를 했다. 진보당은 창당 후 얼마 못 가 '진보당사건'으로 해산되었고, 대통령 후보였던 조봉암은 간첩죄를 선고받아 사형을 당한다.

진보당사건은 2011년 재심을 통해 이승만 정권에 의해 조작된 인권 탄압으로 판결받아 무죄가 선고되었다. 당시 진보당은 간첩, '국가보안법' 위반 등의 혐의를 받아 해산되고, 조봉암이 대법원에서 간첩죄를 확정받아 사형당한 사건이 이른바 '진보당사건'이다. 진보당 해산은 지금처럼 헌법재판소 결정에 따라 이루어진 것이 아니라 행정 조치로서 이뤄졌다. 당시 절차가 그랬다. 이승만 정권에서는 진보당의 여러 정책이 북한의 노선과 다름없으며, 남북 통일 정책으로 제시된 '유엔 감시하의 남북한 총선거' 주장이 북한에 동조하는 국가 변란 기도라고 주장했다. 이는 국시를 어긴 것으로 '국가보안법', '반공법'('반공법'은 1997년에 '국가보안법'에 포함되면서 폐지되었다) 등에 위반된다는 것이었다. 또 당국은 진보당 인사들이 북한의 자금을 받았다고 주장했다. 이런 혐의들을 토대로 정당이 해산되었으나, 당시에도 대부분은 무혐의 또는 무죄로 결론 났다.

'유엔 감시하의 남북한 총선거'라는 평화통일론은 말 그대로 유엔의 기존 노선을 따른 것일 뿐, 북한에 동조하는 국가 변란과는 무관하다는 것이 법원의 최종 판단이었다. 다만 조봉암은 대법원에서 간첩 죄목으로 1959년 2월 27일 사형선고를 받고, 7월 31일 사형되었다. 2007년 '진실과 화해를 위한 과거사위원회'의 재심 권고 결정으로 재심이 시작되었고, 2011년 1월 20일 대법원은 대법관 전원일치 의견으로 조봉암에게 적용되었던 간첩죄와 국가변란죄에 대해 무죄를 선고했다.

이승만 정권이 이런 큰 사건을 조작까지 한 배경으로 3대 대선에서 진보 진영의 도전에 위기의식을 느꼈기 때문이라고 말하는 사람도 있다. 그러나 진보 세력뿐만이 아니라 20%에 이르는 신익희 후보에 대한 추모표 등, 이승만 정권이 정치 기반에 대한 전반적인 위협 상황을 인식한 결과였다고 본다. 사사오입 개헌부터 스스로 자초한 위기를 반민주적·반인권적 정치 전략으로 해결하려 했던 것으로 볼 수 있다.

권력투쟁과 인간

사건을 조작해 사람을 죽이면서까지 정권의 위기를 돌파하려는 것이 쉽게 이해되지 않을 수도 있다. 그러나 과거 왕조 시대를 보면 상대 세력을 죽이기 위해 음모를 꾸며 일가친척까지 몰살한 사건들이 있었다. 조선시대 4대 사화 같은 것도 그런 경우다. 근대국가 이후에도 진보당사건뿐 아니라 유사한 사건이 종종 있었다. 박정희 정권 시기의 '인혁당사건' 등이 대표적인 사례다. 이 인혁당사건 역시 2007년 재심을 통해 조작된 사건임을 확인하고, 무죄를 선언했다. 명예회복이야 이렇게 되었지만, 몇십 년 후에 무죄를 선고받는다 해도 이미 형장의 이슬이 되어버린 분들은 어찌할 것인가?

수백 명을 죽였던 5·18 같은 경우도 결국은 정권을 잡으려는 사람들에 의해 이뤄졌던 비극 아니었는가? 인간과 권력은 참으로 상상할 수 없는 잔인한 결과를 낳기도 한다. 사실 인간과 권력 차원이 아니더라도, 인간에게는 헌신적인 인간애와 함께 악마와 같은 잔인성도 혼재하는 것 같다. 이런 양면성의 존재에서 어떤 면이 더 잘 발휘되느냐는 사회적 조건, 문화적 풍토에 따라 달라진다. 그 점에서 사회의 분위기나 문화가 매우 중요하다. 요즘 우리 사회의 정치적 흐름이 극단적 권력투쟁으로 노골화하며 퇴행하는 것 같아 안타깝다.

미국의 신학자 니부어(Reinhold Niebuhr)의 『도덕적 인간과 비도덕적 사회(Moral man and immoral society)』라는 책이 있는데, 바로 그런 사회적 조건을 강조하는 내용이다. 니부어는 특히 우리가 만든 사회에 대해 그냥 개인들이 만드는 사회가 아니라, 인종·계급·민족과 같은 집단으로 이뤄져 있다고 보았다. 이처럼 집단으로 경쟁하고 충돌하는 경우에는 도덕적 조화를 찾기가 불가능해진다고 당시 미국 사회를 진단했다. 집단적 광기가 인간의 잔인성, 야만으로 표출되는 경우들도 역사에서 쉽게 찾을 수 있다. 나치, 문화혁명의 홍위병, 사실은 전쟁도 그렇다.

'진보당사건' 얘기하다 여기까지 왔는데, 1956년 3대 대선에서 조봉암 후보가 20%대를 득표한 이래로 우리 선거사에서 진보정당은 오랫동안 사라진다. 1960년 4·19 이후의 자유 공간에서 진보 이념을 표방한 세력이 여럿 등장했다. 기존의 독재정권이 사라지니 진보정당들도 우후죽순처럼 나온 것이다. 그런데 5대 국회의원선거에서 사회민주주의 계열 정당들이 거둔 성과는 미미했다. 233명 정원의 민의원 선거에서는 사회대중당 4석, 한국사회당 1석으로 5석에 불과했다. 정원 58명의 참의원 선거에서도 사회대중당, 한국사회당, 혁신동지총연맹

이 각 1명씩 총 3명을 진출시켰을 뿐이다.

2004년 17대 총선, 진보정당의 본격적인 원내 진출

2004년 17대 총선에서 처음으로 진보정당이 원내에 진출한다. 그것도 10석을 차지해 원내 제3당이 되었다. 물론 그 이전 5공화국에서도 민주사회당 등이 2석을 차지해 원내로 진출하는 성과를 거두기는 했었다. 한 지역구에서 2인을 선출하는 중선거구제였기 때문에 그나마 가능했다. 물론 유신정권 시기에도 중선거구제였지만, 진보정당이 원내로 진출하지 못했다. 5공화국의 이중 전략이 진보정당에 조금은 보탬이 되었다고도 할 수 있다. 전두환 정권은 자신들에게 반대 세력은 강하게 통제하면서도, 다양한 이념 세력을 허용한다는 명분으로 한두 개 사민주의 정당의 활동을 도와주었다. 일회성이었지만 그런 도움이 일부 영향을 미쳤고 그런 까닭에, 꼭 그렇게 부를 필요까진 없겠지만 당시 진보정당을 관제 진보정당이라고 불렀다.

1950년대 진보당사건 때도 진보정당이 원내로 진출했던 것은 아니다. 제1야당 후보가 중간에 사망한 상태에서 진보당의 조봉암 후보가 사실상의 단일 후보로 등장했던 것이다. 그러므로 2004년 17대 총선에서 민주노동당(이하 민노당)이 원내 3당이 된 것을 진보정당 최초의 본격적인 원내 진출로 볼 수 있겠다. 여기에 가장 결정적인 역할을 한 것이 정당명부 비례대표 1인2표제 도입이었다. 민노당은 지역구에서 2명을 당선시키고, 정당 득표율 13%로 8명의 비례대표를 배출했다. 이후 진보정당의 대표 인물로 각인된 심상정, 노회찬도, 이 선거에서 비례대표로 처음 국회의원이 되었다. 심상정은 민노당 비례대표 1번이었고, 노회찬은 8번이었다.

노회찬은 자민련이 비례대표 배정 관문인 3% 득표에 실패해 민노당에 1석이 더 할당되면서 원내로 진출할 수 있었다. 노회찬은 이후 진보정당을 대표하는 정치인으로 활약하다가, 비극적으로 생을 마감한다.

10

박정희의 유신체제와
박근혜

대통령 1인 지배 체제였던 유신체제

우리 헌정사에서 유신체제가 들어서고, 몰락한 달이 10월이다. 1972년 10월 17일 박정희 대통령이 긴급조치를 발동해 국회를 해산했다. 정당 활동을 중지시키는 것을 비롯해 헌정 질서의 핵심 부분을 중단시켰다. 그러면서 국가의 새로운 질서를 만들겠다는 의미의 유신(維新)이라는 개념을 내세웠다. 일본 메이지유신에 쓰인 개념이고, 그것을 학습했다고 할 수 있겠다. 이 긴급조치 상황에서 새로운 헌법이 제정되었고, 우리는 그것을 유신헌법이라 부른다.

유신의 문제는 유신 체제 도입 과정인 10월유신과 이후의 유신체를 모두 말한다. 당시 명분은 통일 과업을 앞에 둔 우리나라에서 비생산적 정치 갈등은 없어야 한다는 것이었다. 내막으로는 '닉슨독트린' 같은 국제환경도 명분이 되긴 했지만, 통일을 향한 효율적인 정치 체제를 지향한다는 것이 핵심 취지였다. 유신체체로의 전환을 산업화 전략과 연관하여 보는 사람도 있고, 박정희 개인의 권력욕에서 찾는 사람도 있다.

유신체제는 1972년 10월 17일 비상계엄을 선포하면서 시작된다. 먼저 4개 항의 '특별선언'을 발표했다. 첫째, 국회를 해산하며 정당 및 정치활동을 정지시키고, 일부 헌법의 효력을 중지한다. 5·16의 '정치활동정화법'이나 5공화국의 '정치풍토쇄신법'과 같은 조치다. 둘째, 정지된 헌법의 기능은 비상국무회의(당시의 국무회의)가 대신한다. 셋째, 평화통일 지향의 개정헌법을 1개월 내에 국민투표로 확정한다. 넷째, 개정헌법이 확정되면 연말까지 헌정질서를 정상화한다. 속전속결로 진행해 10월 27일 헌법개정안을 공고하고, 11월 21일 국민투표로 새 헌법인 유신헌법을 확정했다. 12월 15일 2359명의 통일주체국민회의 대의원을 선출하고, 대의원들의 간접선거로 12월 23일 박정희가 대통령으로 선출되어 27일 취임한다. 정말 속전속결이었다.

통일의 의지를 반영하고 직접선거의 비생산성을 극복하기 위해 통일주체국민회의에서 대통령을 선출하도록 했다지만, 사실상 국민의 대통령 선출권을 봉쇄한 것이나 마찬가지였다. 물론 국민들이 투표로 통일주체국민회의 대의원을 뽑았다. 그러나 대통령에 우호적인 사람들만 대의원 후보로 나설 수 있었다. 유신체제는 국회 역시 무기력하게 만들었다. 유신헌법은 국회의원 정수의 1/3을 통일주체국민회의에서 선출하도록 규정했다. 대통령이 내정한 사람들을 동의하는 형식적 절차에 불과했다. 이들이 유신정우회라는 이름으로 교섭단체를 등록했기 때문에, 유정회 국회의원이라고 불렀다.

긴급조치 시대, 정당정치를 대체한 반체제운동

의원 정수의 1/3을 차지하는 유정회 국회의원에다 여당 지역구 국회의원 공천까지 감안하면, 대통령이 국회를 마음대로 좌지우지할 수 있었다. 참고로 우리나라 국회 역사 중에서 처음으로 국회의원 임기가 6년이었다. 대통령 임기도 6년으로 바꿨다. 그러나 유정회 국회의원들의 임기는 3년으로 해서, 중간에 바꿀 수 있도록 했다. 지역구의 경우는 한 선거구에서 2명을 뽑는 중선거구제였다. 유신체제의 첫 총선인 1973년 제9대 국회의원선거에서 당시 여당인 공화당은 73개 전 지역구에서 1명씩 당선시켰다. 국회의원의 1/3을 대통령이 임명하고 중선거구제를 채택하니, 아무리 야당에 대한 지지가 높아도 국회는 여당 우위의 구조가 될 수밖에 없는 구조였다. 국회의 기능인, 정부에 대한 견제나 비판을 기대하기가 어려웠다. 그러다 보니 비판 기능은 국회의 야당이 아니라 제도 밖의 재야, 반체제운동이 수행하게 된다.

여야의 정당정치가 아니라 체제와 반체제 세력 대결 구도의 시대였다. 이 반체제 세력의 활동을 통제하기 위해 나온 것이 긴급조치였다. 유신헌법으로 도입된 대통령의 긴급명령권이다. 유신헌법에 대한 개헌 논의를 금지하는 긴급조치 1호로 시작해 이후 9호까지 이어진다. 박정희 대통령은 긴급조치를 통해 정부에 대한 비판 세력, 불만 세력을 억누르며 통치했다. 그러나 반발이 누적되고 장기 집권의 후유증까지 겹치면서 내부 갈등으로 10·26 사건이 터졌다고 볼 수 있다.

위헌 판정 받은 유신시대의 긴급조치들

1979년 10월 26일 중앙정보부장 김재규가 박정희 대통령과 경호실장 차지철을 총으로 쏴 사망케 한다. 김재규의 역할을 민주항쟁으로 보는 사람들은, 김재규가 더 이상 독재는 안 된다는 심정으로 자신이 모시던 사람을 대의를 위해 쏘았다며 "야수의 심정으로 쏘았다"라는 김재규의 최후 발언을 받아들인다. 일부에서는 내부 권력투쟁과 갈등의 결과로 보기도 한다. 어느 쪽이든 유신체제의 여러 문제점이 누적된 데다 그 구심점이 사망하면서 유신체제는 붕괴되는 듯했다. 그런데 전두환을 중심으로 한 이른바 '신군부' 세력이 12·12 쿠데타로 군 주도권을 잡고, 5·18 민주화운동을 진압하면서 2기 유신체제나 다름없는 5공화국이 열린다. 1987년 민주화 시기까지 이른바 5공 체제가 지속된다.

30여 년이 지난 2013년 3월 21일 헌법재판소는 긴급조치 1·2·9호에 대한 헌법소원 심판사건에서 재판관 8명 전원일치 의견으로 위헌 결정을 내렸다. 이 긴급조치로 기소되어 구속된 사람이 800여 명이나 되었고, 사형을 선고받은 사람도 있었다. 위헌 결정이 나면서, 피해자들의 재심청구가 이뤄졌고 일부는 보상을 받기도 했다. 일괄적인 구제가 아니었기 때문에 재심을 청구한 사람들만 개별적으로 복권·구제되었다.

박근혜 후보의 아버지 시대에 대한 사과

박근혜 대통령은 아버지의 후광으로 정치에 입문했고, 아버지가 남긴 과제를 풀기 위해 정치를 한다는 말도 했다. 그러나 아버지 박정희가 주도했던 유신체제와 반민주적 인권 탄압에 대해 사과해야 한다는 요구가 제기되었다. 2012년 대통령선거에 나선 박근혜 후보는 유신체제와 인혁당사건에 대해 공개적인 사과를 한다. 유신체제와 인혁당사건에 대한 모호한 발언으로 역풍이 불자, 다시 종합적으로 사과를 한 것이다.

박근혜 당시 후보는 2012년 9월 24일 여의도 당사에서 기자회견 방식으로 이렇게 사과를 했다.

5·16, 유신, 인혁당사건 등은 헌법 가치가 훼손되고 대한민국의 정치 발전을 지연시키는 결과를 가져왔다고 생각합니다. 이로 인해 상처와 피해를 입은 분들과 가족들에게 다시 한번 진심으로 사과드립니다. 저 역시 가족을 잃는 아픔이 얼마나 크다는 것을 잘 알고 있습니다. 그 아픔과 고통을 치유하기 위해, 저의 모든 노력을 다하겠습니다. 제가 새누리당 대통령 후보가 되면서 말씀드린 국민대통합, 100% 대한민국, 국민행복은 저의 가장 중요한 가치이자 비전입니다. 100% 대한민국은 1960~70년대 인권침해로 고통을 받았고 현재도 그 상처가 아물지 않은 분들이 저와 동참하여 주실 때 가능하다고 생각합니다. 저는 앞으로 국민대통합위원회를 설치해서, 과거사 문제를 비롯한 국민들의 아픔과 고통을 치유하도록 노력하겠습니다.

이날 기자회견장에서 사회를 봤던 사람이 후보의 대변인 조윤선이었다. 무슨 운명인지 국정농단 재판으로 두 사람 다 구속되어 교도소 생활을 했다.

유신체제, 인혁당사건뿐 아니라 5·16에 대한 사과까지 담은 사과문 발표였다. 박근혜 후보 스스로 진정성을 가지고 한 사과였을까? 5·16, 유신체제 모두에 대한 사과라면 박정희 대통령의 정권 기반 자체에 대해 사과를 한 것이다. 그런데 그 10여 일 전에 한 라디오 인터뷰에서 인혁당사건에 대해 질문하자 "두 개의 다른 판결이 있다. 이제 역사의 판단에 맡기자"라고 발언했다가 심한 반발을 샀고, 선거캠프와 대변인 등이 이를 수습하느라 곤욕을 치렀다. 그래서 10여 일 만에 전향적 사과문을 발표한 것이다. 반발과 역풍을 벗어나고자 납작 엎드려 전략적으로 발표한 것으로 볼 수 있다. 집권 이후에는 새마을운동의 부활 등 아버지 시대의 유산을 적극 계승하려 했다. 무엇보다 박근혜 대통령 스스로가 유신시대 방식의 제왕적 리더십에서 벗어나지 못했다. 이 시대착오적 국정 리더십이 국정농단과 대통령 자신을 탄핵에 이르게 한 요인이 되었다.

재심에서 조작 사건으로 확인된 인혁당사건

앞에서 언급한 인혁당사건은 2차 인혁당사건, 또는 인혁당 재건위 사건으로 불린다. 유신 시절인 1975년 4월 8일 '정권의 시녀'로 평가받던 대법원이 도예종, 여정남 등 8명에게 사형을 선고하고, 18시간 만에 사형을 집행해 '사법살인'으로 불린 사건이다. 2002년 9월 의문사진상규명위원회는 이 사건을 '고문에 의한 조작'으로 결론 냈고, 2007년 1월 서울중앙지법이 인혁당 관련자 8명에 대한 재심에서 이들에게 무죄를 선고했다. 32년 만에 재심을 통해 최종적으로 무죄가 확인된 것이다. 독재정권의 조작으로 피해자들은 1975년 사형을 당해버렸다. 회복할 수 없는 원통한 일이다.

그런데 이 사건에 대해 두 개의 판결이 있다고 말한 것이다. 독재정권의 조작이 관철된 판결은 이미 무효가 되었고 무죄가 된 재심이 최종심인데, 박 후보가 두 개의 판결이 있다고 말한 것이다. 법리적으로도, 역사적 상식으로도 황당한 답변이었다.

이 사건은 앞서 말한 대로 2차 인혁당사건이고, 1964년에 기소되어 1965년에 판결을 내린 1차 인혁당사건 역시 재심에서 조작된 사건으로 결론을 내려 무죄를 선고했다. 인혁당, 즉 인민혁명당 사건은 북괴(북한)의 지령을 받는 대규모 지하 조직으로 국가 변란을 획책한 인혁당에 57명이 연루되었다며 기소한 사건이었다. 당시 일부는 무죄를 받고, 일부는 1~3년의 징역형을 선고받았다. 그런데 재심에서는 국가 변란 조직이 아니라 서클 수준의 모임을 고문 등의 방법을 동원해 북괴 관련 국가 변란 조직으로 조작했다고 판단해 무죄를 내렸다. 8명이 사형에 처해진 2차 인혁당사건은 의문사조사위원회와 재심 법원에서 인혁당 재건위라는 조직은 실체 자체가 없다고 결론을 내렸다.

11

6월 항쟁과 광장의 시대

광장 시대를 연 6월 항쟁

'6월' 하면 정치사적으로 6월 항쟁을 빼놓을 수 없다. 문재인 정부 2년 차인 2018년, 6월 항쟁은 30주년을 맞았다. 6월 항쟁의 가장 구체적인 성과는 대통령직선제의 쟁취였다. 문재인 대통령은 30주년 기념사에서 6월 항쟁은 "대통령직선제 이상의 광장을 열었다"라고 했다. 광장은 참여와 개방을 비롯해 여러 의미로 해석할 수 있을 것이다. 문재인 대통령이 광장을 강조한 것은 민주주의의 쟁취 과정이자 무대로서의 광장, 최근의 촛불집회로 이어지는 광장의 역사를 염두에 둔 것이었다.

6월 항쟁을 거치면서 그 민주화 요구를 부분적으로 수용해 8개 항으로 담아 발표한 것이 6·29 선언이다. 8개 항의 내용은 ① 대통령직선제 개헌을 통한 1988년 2월 평화적 정권 이양, ② '대통령선거법' 개정을 통한 공정한 경쟁 보장, ③ 국민적 화해와 대단결을 도모하기 위해 김대중의 사면 및 복권과 시국 관련 사범들 석방, ④ 인간존엄성 존중 및 기본적 인권의 신장, ⑤ 언론 자유의 창달을 위해 제도와 관행 개선, ⑥ 지방자치 및 교육자치 실시, ⑦ 정당의 건전한 활동 보장, ⑧ 과감한 사회정화 조치의 강구이다.

광장은 의사표출의 열린 마당이었고 저항의 깃발을 흔들 수 있는 곳이었으며, 그래서 시민임을 확인하는 마당이기도 하다. 그리스의 시민 공회 무대인 아고라(agora)처럼 말이다. 광장은 군중의 무대이기도 하다. 그 군중의 힘은 때로는 연대와 동지의 힘이, 때로는 폭도의 힘이 될 수도 있다. 카네티(Elias Canetti)는 『군중과 권력(Masse und Macht)』에서 여러 유형의 군중을 역사와 더불어 말했다.

6월 항쟁 이후 광장정치의 주도 세력도 학생에서 촛불 시민으로 확대·변화되기도 했다. 6월 항쟁 이전에는 대학생들이 거리정치의 중심 세력이었고, 6월 항쟁의 광장에는 이른바 넥타이 부대가 가세했다. 중산층 샐러리맨들이었다. 월드컵 응원과 효순·미선 사건 촛불집회를 거치면서 참여 주체가 더 젊은 세대로 확산되었다. 탄핵 촛불집회의 광장에는 다양한 직업, 계층의 거의 국민들이 포괄되었다.

광장의 군중과 포퓰리즘

광장의 군중이 촛불과 결합하면서 일종의 성스러운 집단의식으로 인식되기도 했다. 그러나 군중의 다양한 속성, 포퓰리즘의 다양한 속성이 우리의 광장문화에도 없지 않았다. 광장의 양면성이다. 광장은 연대의 무대일 수 있지만, 무책임과 군중의 무대일 수 있다는 것이다.

광장정치가 힘을 얻자, 이른바 '조국사태'를 거치면서 광장이 진영정치의 무대가 되어버리기도 했다. 2022년 여야 대립이 거의 정치전쟁 수준으로 치달으면서 진영정치의 무대로서 광장이 더 도드라지고 있다. 한때 권력에 맞선 민주주의 광장에서 이제는 일부 포퓰리즘의 진영정치 도구로 광장정치가 이용되고 되고 있다.

최인훈의 '광장과 밀실'

광장 하면, 최인훈의 소설 '광장'이 떠오른다. 그의 「광장」 1961년
판 서문은 인간의 자유와 광장, 또 밀실과 광장의 의미를 참 잘 정리해
놓았다. 개인에게 광장은 드넓은 자유의 무대이기도 하지만, 오히려
대중 속에 묻혀가는 대중의 밀실일 수도 있다는 얘기다. 그는 "광장은
대중의 밀실이며 밀실은 개인의 광장이다"라고 개인과 대중, 광장과
밀실관계를 절묘하게 정리한다. 여기에서 광장과 밀실은 때에 따라
일차원적 공간을 넘어서는 추상적 개념일 수도 있다. 광장의 서문을
일부 인용해 본다.

> 인간은 광장에 나서지 않고는 살지 못한다. …… 그러면서도 한편으로
> 인간은 밀실로 물러서지 않고는 살지 못하는 동물이다. …… 광장은
> 대중의 밀실이며 밀실은 개인의 광장이다. 인간을 이 두 가지 공간의
> 어느 한쪽에 가두어버릴 때, 그는 살 수 없다. 그럴 때 광장에 폭동의
> 피가 흐르고 밀실에서 광란의 부르짖음이 새어나온다(최인훈, 『광장』,
> 1961년판 서문에서).

20세기 민주화와 한국의 6월 항쟁

6월 항쟁을 거치며 한국은 선거민주주의의 기본적인 제도를 회복
했다. 1970년대 중반부터 1990년에 이르기까지 군부정권 등 독재 체
제에 있던 나라 중 30여 개 국가가 민주화로 이행했다. 이 시기의 민주

화를 두고 헌팅턴(Samuel Huntington)은 민주화의 세 번째 물결이라고 표현했다. 그 이전 참정권을 획득하면서 대의민주주의가 확산되었던 20세기 초반의 흐름을 제1의 민주화 물결로 보았다. 이때의 민주화 물결은 지속적으로 발전했던 것이 아니라, 파시즘이나 스탈린 체제와 같은 전체주의의 등장으로 하향곡선의 파동을 맞는다. 그러다 제2차 세계대전 종전과 함께 우리나라를 비롯해 많은 신생 민주주의 국가들이 등장한다. 이것이 제2의 민주화 물결이다. 이 또한 군부 독재정권의 등장으로 하향 파동의 시기를 맞는다. 헌팅턴은 군부독재로부터의 민주화를 제3의 민주화 물결로 규정했다.

우리나라도 1979년 박정희 대통령 피격으로 민주화의 봄을 맞지만, 신군부에 의해 좌절되었다. 한편, 5·18 민주화운동과 같은 좌절된 경험은 저항의 자산이 되어 민주화운동이 지속되다가 1987년 6월 민주항쟁으로 폭발한다. 지연된 민주화로 볼 수도 있겠고, 좌절 과정까지 포함해 7~8년의 민주화운동 과정으로도 볼 수 있겠다. 물론 유신체제에 대한 저항 등 그 이전까지 포함한 긴 민주화 과정으로 볼 수도 있을 것이다.

독재 권력 체제에서는 민주화를 바라는 세력이 있게 마련이지만, 과연 어떤 상황에서 민주화로 이행될까? 경제적으로 어려워지면 민중이 더는 견딜 수 없기 때문에 기존 정권을 붕괴시키게 된다는 가설도 있다. 많은 경우에 그랬다. 역사적으로도 더는 버티기 어려운 상황에서 혁명이 일어났다고 한다. 물론 『혁명의 해부(The Anatomy of Revolution)』의 브린턴(Crane Brinton) 같은 혁명이론가는 절대 빈곤보다는 상대적 박탈감이 더 큰 불만 요인이었다고 본다. 제3의 민주화 물결이 일어난 국가들을 볼 때, 남미 등 국가에서는 경제적 어려움을 겪으면서 독재 권력들이 지지를 잃고 결국 붕괴되는 경우가 대부분이었다. 그런데 많지는 않지만, 우리나라나 스페인처럼 경제 상황이 오히려 좋아지는 가운데 민주화 요구가 더 커지면서 민주화에 성공한 경우도 있다.

반대하는 저항 세력의 압력이 결국 집권 세력 내부의 분열, 자중지란으로 나타나면서 기존의 독재 권력이 붕괴된다고, 민주화 이행 과정을 분석하기도 했다. 정권의 정당성이 취약해지면 집권 세력 내부의 강경파와 온건파 사이에 갈등 등이 생긴다는 것이다. 우리나라의 유신체제도 집권 세력의 일원인 중앙정보부장이 박정희 대통령을 저격하면서 붕괴되었다.

아직도 군부 쿠데타 가능할까?

오늘날은 우리나라에서 독재 권력을 주도했던 군부 쿠데타 세력이 다시 등장하기 어려운 시대다. 과거 군부정권의 등장 배경을 설명하면서, 신생국가에서 군부의 정치화가 이루어진 배경으로 크게 두 가지를 들었다. 하나는 근대적 지식 계층이 취약한 상황에서 군 엘리트들이 국가와 사회의 근대 엘리트를 자임하는 환경이다. 일견 타당한 해석으로 보인다. 우리나라도 해방 후 정국에서 육군사관학교를 가면 최고의 엘리트들이었다. 지금은 상황이 아주 다르다. 또 하나의 배경으로는 전투와 국방을 담당하는 군인들이 평화 시기에 정치 쪽으로 관심을 기울인다는 해석이다. 그런데 한국의 경우를 보면, 오히려 남북 대립의 분단 체제에서 국가 운영과 군사 부분이 오히려 너무 밀접히 결합된 측면이 있었다. 이 부분에 대해 분명한 문민통제가 갖춰지기 이전에 군부정권이 쉽게 등장할 수 있었다고 본다.

우리나라 헌정사에서 군부 정치 개입의 구심점을 이룬 군내 사조직 '하나회'가 1993년 김영삼 정부 때 해체되었다. 일부는 아예 청산되기도 했다. 무엇보다 이제 일반 국민들이 군부의 정치 개입을 용인하지 않을 것이다. 박근혜 대통령 탄핵 정국에서 계엄을 통한 군부의 국정 개입 가능성으로 논란이 인 바 있는데, 실질적인 개입 구상은 아니었던 것으로 보인다. 현실적으로 군부의 정치 개입이 어려운 데다, 혹 일시적으로 장악한다 하더라도 시대적인 환경 속에 국민적 저항을 맞을 수밖에 없다.

재스민혁명, 오렌지혁명, 벨벳혁명, 사프란혁명, 우산혁명

20세기 들어 세 번의 민주화 물결이 있었다. 제3의 민주화 물결은 1990년대 구사회주의권 국가들의 민주화까지 이어서 보기도 한다. 물론 군부독재의 붕괴 배경과 공산 전체주의 국가의 붕괴 배경은 좀 다르다. 21세기 들어 또 한 번의 새로운 민주화 파도가 일었다. 이슬람 국가에서 나온 민주화 요구였다. 이슬람권에는 이슬람교와 통치 원리가 일치하는 근본주의 국가가 많았다. 2010년 북아프리카의 튀니지를 시작으로 이집트, 시리아 등으로 민주화 요구 시위가 확산되었다. 튀니지에서는 국화인 재스민(Jasmine)을 붙여 '재스민혁명'이라 부르기도 했다. SNS가 재스민혁명에 중요한 자원이 되었다고 보고된다. SNS는 우리나라의 광장집회에서도 참여를 독려하거나 현장 상황 파악에 서로 도움을 주어, 집회를 동원하는 데 중요한 자원이 되었다.

그러나 이슬람 국가들의 민중봉기는 새로운 민주제도의 정착으로 이어지지 못했다.

각국에서 일어난 혁명에 독특한 단어를 붙여 의미를 부각하기도 하는데, 앞에서 말한 재스민혁명이 그랬다. 1990년대 체코의 민주화를 두고는 벨벳혁명이라고 한다. 비단처럼 부드럽게, 폭력에 의한 희생 없이 진행되었다 하여 그렇게 불렀다. 2003년 조지아에서는 시민들이 장미를 든 시위로 대통령 셰바르드나제(Eduard Shevardnadze)를 퇴진 시켰다. 이 무혈혁명을 '장미혁명'이라 부르기도 한다. 구사회주의권의 민주화운동은 2004년 우크라이나의 '오렌지혁명'으로 이어졌다. 부정선거를 규탄하는 시위대의 오렌지색 물결을 상징하는 이름이다. 1980년대에는 황색 시위대, 황색 물결이 필리핀 민주화운동의 상징으로 알려진 바 있다. 우리나라에서도 특정 정당의 황색 돌풍이 있었다.

2007년 미얀마의 반정부 시위를 두고는 '사프란혁명'이라 부르기도 한다. 미얀마 승려들이 이 시위에 합세했는데, 그들이 입은 사프란색의 승려복에서 따온 말이다. 2014년 홍콩의 우산시위 또는 우산혁명도 기억날 것이다. 2014년 9월 28일 수만 명의 홍콩 학생들과 시민들이 중국에 민주적인 선거를 요구하며 홍콩 거리로 나왔다. 최루탄과 물대포를 쏘아대는 경찰의 강제 진압에 시민들이 우산으로 맞서, '우산시위', '우산혁명' 등으로 불렸다. 2018년 후반 유류세 인상에 대한 불만으로 시작된 프랑스의 노란조끼 시위도 있다. 노란조끼는 자동차의 안전 삼각대와 같은 용도의 비상용 옷이었다.

국회의 위상과
국회법 개정 파동

7월은 헌정사의 중심인 제헌절이 있는 달이지만, 우리 국회가 제일 한가한 때이기도 했다. 여름 휴가철이 우리 정치에도 반영되는 듯했다. 국회도 특별한 일정이 만들어지지 않는 한, 국회 본회의 일정이 없는 달이다. 현행 국회법에는 9월부터의 정기국회와 2, 3, 4, 5, 6, 8월 임시국회를 연간 일정으로 규정하고 있다. 한때 짝수 달에만 임시회의를 개최했는데, 2020년 말 국회법이 개정되면서 3, 5월도 포함했다 (국회법 제5조의 ②항). 1, 7월만 의무적 일정으로 규정되어 있지 않은 셈이다. 물론 교섭단체 사이의 협의에 따라 수시로 임시국회를 열 수 있다. 국회법에 정해진 국회 일정을 임시회의라고 하는 것도 조금 이상하기는 하다. 9월부터의 정기국회 이외에 수시로 열 수 있는 회의의 개념으로 임시국회라 구분했다. 그런데 지금은 정해진 임시국회가 된 것이다.

한때는 8월도 임시국회 일정이 없는 달이었다. 7, 8월을 온전히 휴가철로 삼을 수 있었다. 그러다가 정기국회 이전 결산을 위한 임시국회 일정이 필요하다며 2016년 국회법 개정을 통해 8월도 지정된 일정에 포함했다. 보통 임시국회는 월초에 시작해 30일간의 일정으로 되어 있으나 8월 임시국회는 8월 16일에 개의해 월말까지 2주간만 진행하도록 했다.

우리 국회의 상시 활동이 더 활발해야 한다는 주문은 늘 있어왔다. 국회의 역할을 활성화하는 방향으로 조금씩 개선되고 있기는 하다. 박근혜 정부 때는 상임위원회 활동의 상시화와 국회의 현안 대정부 질의 기능 강화를 담은 국회법 개정안이 통과되었다가 무산된 바 있다. 국회에서는 통과되었지만, 박근혜 대통령이 거부권을 행사해 없던 일이 되어버렸다.

개정안 내용의 핵심은 이전까지의 국회법에서는 임시국회 일정으로 규정되어 있지 않았던 3, 5월에도 셋째 주에 상임위를 열도록 명시했다. 사실상 매월 상임위가 열리도록 한 것이다. 여기에 상임위의 청문회 개최 요건을 완화하고, 각 상임위가 '소관 현안'에 대해 필요한 경우 청문회를 개최할 수 있도록 했다. 기존에도 주요 안건 심사에서 필요할 경우 청문회를 개최할 수 있었기 때문에, 근본적으로 내용의 차이는 없다고 할 수도 있다. 그러나 행정부 입장에서는 청문회 개최 요건이 완화되는 가운데 새롭게 추가된 소관 현안이라는 용어에 민감하게 저항했다. 국가행정의 모든 사안에 대해 국회 상임위 청문회가 일상화될 수 있다는 경계 의식이 있었다.

그래서 당시 박근혜 대통령과 여당인 새누리당이 반대했다. 그럼에도 새누리당의 일부가 개정안 통과에 동참하면서 가결되었다. 국회 상임위 활성화와 대정부 견제의 강화가 필요하다는 취지에 공감했다고 볼 수 있다. 예상대로 박근혜 대통령은 개정안을 수용하지 않고 재의 요구를 한다. 그러나 이미 19대 국회의 임기가 종료되어 가는 시점에 송부된 개정안은 재의 절차에 들어가지도 못하고 자동 폐기되어 버린다. 그러나 앞서 말했듯이 21대 국회 들어 3, 5월에도 임시국회 일정이 포함된 내용으로 국회법은 결국 개정되었다.

과잉 행정입법의 통제 시도와 '배신의 정치' 파동

　박근혜 정부 시절 또 다른 개정 국회법이 박 대통령의 거부권 행사로 무산된 적이 있다. 그 과정에서 이른바 '배신의 정치' 파동이 있었다. 유승민 의원이 당시 집권 여당인 새누리당의 원내대표를 수행할 때 국회법 개정에 동조했다며, 박근혜 대통령이 '배신의 정치' 심판을 거론하며 성토했다. 그리고 개정안에 대해 재의 요구를 함으로써 사실상 거부권을 행사해 결국 무효화했다. 국회는 법을 만드는 입법 기관이고, 행정부는 이 법을 토대로 좀 더 구체화된 시행령 등을 만들어 집행 과정에 적용한다. 그런데 간혹 시행령이 애초의 입법 취지를 넘어서는 내용을 담을 수도 있다. 국회의 입법 취지를 넘어서는 것을 알면서도 무시하고, 행정부 뜻대로 시행령을 만들어 집행해 논란이 되는 경우도 종종 있다. 물론 모법의 입법 취지를 넘어서는 시행령은 제정할 수 없다. 그렇다고 판단할 경우 해당 상임위에서 시정 조치를 하도록 국회법에 규정되어 있다. 개정안은 이 규정을 더 분명하고 더 강조하고자 했다. 아래에서 알 수 있듯이 보기에 따라서는 개정 이전과 차이가 없다고 할 정도의 개정이었다.

　　법률의 취지 또는 내용에 합치되지 아니하다고 판단되는 경우에는 소관중앙행정기관의 장에게 그 내용을 통보할 수 있다. 이 경우 중앙행정기관의 장은 통보받은 내용에 대한 처리 계획과 그 결과를 지체 없이 소관상임위원회에 보고하여야 한다(2015년 당시 국회법 제98조의 2, ③항).

법률의 취지 또는 내용에 합치되지 아니하다고 판단하는 경우에는 그 수정·변경을 요구할 수 있도록 하고, 소관 중앙행정기관의 장은 이를 처리하여 그 결과를 소관 상임위원회에 보고하도록 하는 내용이다(개정안).

이 국회법 개정안은 새누리당의 유승민 원내대표를 포함한 6인이 찬성에 가담해 가결되었다. 당시 박근혜 대통령은 행정권을 침해해 삼권분립을 위배하는 법이라고 비판하면서 재의를 요구했다. 이 과정에서 유승민 원내대표를 향해 배신의 정치는 심판을 받을 것이라고 분노했다.

2015년 6월 25일 박근혜 대통령이 거부권을 행사한 국무회의에서 했던 발언 중 관련 부분이다.

여당의 원내사령탑도 정부 여당의 경제 살리기에 어떤 국회의 협조를 구했는지 의문이 가는 부분입니다. 정치는 국민들의 민의를 대신하는 것이고, 국민들의 대변자이지, 자기의 정치철학과 정치적 논리에 이용해서는 안 되는 것입니다. …… 당선이 되기 위해 정치권에 계신 분들의 한결같이 말씀은 "다시 기회를 준다면, 다시 국민들이 기회를 주신다면 신뢰정치를 하고, 국민을 위해 최선을 다하겠다"고 맹세에 가까운 선언을 했습니다. …… 정치적으로 선거 수단으로 삼아서 당선된 후에 신뢰를 어기는 배신의 정치는 결국 패권주의와 줄 세우기 정치를 양산하는 것으로 반드시 선거에서 국민들께서 심판해 주셔야 할 것입니다.

문장이 좀 이상하기는 하지만, 유승민 의원을 배신자로 규정하면서 이런 배신의 정치를 총선에서 심판해 달라고 한 내용이었다.

재의 요구된 개정안은 새누리당이 의결에 불참해 의결정족수 미달로 자동 폐기된다. 그리고 배신의 정치 당사자로 지목된 유승민 원내대표는 '헌법' 1조의 민주공화국까지 들먹이며 박근혜 대통령의 제왕적 태도에 맞서기도 했으나 2주를 넘기지 못하고 원내대표직을 사퇴했다. 그리고 유승민 의원의 '배신의 정치'에 대한 박근혜의 유감은 2016년 20대 총선에서 새누리당 공천 시 진박 논쟁으로까지 이어졌다.

2022년 21대 국회 후반기 들어 야당이 된 민주당은 윤석열 정부가 법의 범위를 넘어 자의적으로 행정 조치를 하고 있다면서 시행령 쿠데타라고 성토한다. 조응천 의원 등이 행정입법을 더욱 강하게 통제하는 국회법 개정안도 발의한 상태다. 특히 법무부에 인사검증단을 설치하는 것과 행안부에 경찰청을 담당하는 경찰국을 설치하는 것에 대해 위법 행위라며 반발했다. 19대 국회에서는 민주당이 유승민 의원 등 상대 여당 일부 의원의 지지를 얻어 추진했던 데 비해, 이번 21대 국회에서는 민주당이 압도적인 다수를 차지하고 있어 일방적인 국회법 개정도 가능한 상황이다. 물론 대통령이 재의요구권을 행사할 수도 있다.

교섭단체 제도가 국회 운영에 도움이 될까?

우리 헌정사에서 국회 운영과 관련해 빠뜨릴 수 없는 것이 교섭단체 제도의 도입이다. 21대 국회 중반인 현재는, 20인 이상을 요건으로 하는 교섭단체를 민주당과 국민의힘 두 당만 구성하고 있다. 2016년 총선을 통해 출범한 20대 국회는 더불어민주당, 새누리당, 국민의당 세 개 교섭단체로 출범했다가, 탄핵을 거치며 새누리당에서 분할 탈당한 유승민 의원 등이 '바른정당'을 창당해 교섭단체가 네 개였던 적도 있었다.

원내 교섭단체가 곧 정당은 아니다. 그러나 20인 이상의 원내의석을 가진 정당은 정당 그대로 교섭단체가 된다. 20인 미만의 정당이나 무소속의 경우는 같이 모여 20인 이상의 교섭단체를 구성해 등록하면 된다.

이 교섭단체 제도는 제헌국회가 출범했을 때는 없었다. 1949년 국회법을 처음 정비하면서 교섭단체 제도를 도입했다. "국회 의사의 원활한 운영을 위하여" 20인 이상으로 구성된 교섭단체를 둔다는 것이 이 제도의 취지였다. 당시에는 '단체교섭회'라고 불렀다. 양원제 체제의 2공화국 때는 참의원의 전체 정수가 58명에 불과했으므로 교섭단체 기준은 10인이었다. 이때의 경험이 이어져 단원제로 복귀한 3공화국에서도 교섭단체 기준을 10명으로 유지하기도 했다. 현재의 교섭단체 기준은 20명 이상이다.

20명 미만의 소수 세력이 국회 운영에서 소외된다며, 기준을 더 낮추자는 주장이 반복적으로 제기되어 왔다. 교섭단체 제도가 유용성보다는 폐해가 많다며 아예 폐지하는 것이 좋겠다는 일부 의견도 있다. 다당제의 취지에 공감하는 측에서는 교섭단체 구성 조건 인원 기준을 당연히 낮추자고 한다. 예컨대 독일의 경우, 전체 의석의 5%(36명 내외, 우리나라 기준으로 5%는 15명이다) 이상 차지한 정당에 교섭단체 자격을 준다. 2022년 현재 736석 중 여섯 개 정당이 732석을 차지해 교섭단체를 구성하고 있고, 나머지 4인은 무소속이다. 즉 모든 원내 정당이 교섭단체를 구성한 셈이다.

행정부 뒤로 밀렸던 유신체제 국회

국회의 위상과 역할은 교섭단체처럼 '국회법'에 따라 좌우되는 부분도 있지만, 근원적으로는 '헌법'에 따라 규정된다. 우리 헌정사에서 국회 위상과 관련된 가장 큰 변화는 1차 개헌을 통해 이뤄졌다. 제헌헌법에서 우리 대의제의 중심은 확실히 국회에 있었다. 대통령도 국회에서 선출했다. 대통령 해임권이 국회에 없다는 점에서 내각제와 달랐지만, 내각제의 의회처럼 당시 우리 국회는 국민을 대표하는 대의기구였다. 1차 개헌으로 대통령직선제가 되면서 대의기구는 대통령과 국회로 이원화되었다. 그리고 제왕적 대통령제라 부를 정도로 대통령 우위 체제가 된다. 물론 국회에서 정부와 내각을 구성하는 내각제가 4·19 이후에 잠깐 들어선 적이 있다.

1970년대 유신체제 때는 우리 국회가 헌법 조항 순서에서조차 뒤로 밀렸다. 지금도 그렇지만 제헌헌법에서도 국회는 '국민의 권리와 의무' 다음 맨 앞에 위치한다. 국가기구 중 맨 앞이다. 그런데 유신체제에서는 대통령 선출기구인 '통일주체국민회의'가 그 자리를 차지하고, 국회는 대통령, 심지어 행정부 뒤에 배치될 정도였다. 게다가 국회의원의 1/3을 통일주체국민회의에서 뽑은 사람들, 그러니까 사실상 대통령이 임명한 사람들로 채우게까지 했다.

2000년 6월 16대 국회에서 도입된 인사청문회 제도는 국회의 대통령 인사권에 대한 견제 역할이라는 점에서 국회의 위상을 강화해 주는 요소였다. 헌법에서 국회의 동의를 필요로 하는 인사들이 인사 청문 대상이었는데, 2003년 '인사청문회법' 개정을 통해 국회 본회의 동의 필요가 없는 장관이나 주요 정부 인사들도 청문 대상에 포함된다. 그러나 청문회를 거치면서도 국회 동의 절차가 필요 없는 장관 등의 인사 절차는 모호해서 늘 논란을 낳는다. 동의 절차가 필요 없기 때문에 야당이 반대하는 인사여도 그냥 대통령이 임명하는 경우가 적지 않았다. 국회의 동의가 필요 없는 청문회는 단지 참고 사항이라는 문재인 정부 청와대 대변인의 발언이 논란을 일으키기도 했다.

"인사청문회는 기본적으로 대통령이 미처 검증하지 못한 부분을 국회를 통해 듣고, 결정적인 하자가 없으면 인사에 참고하는 과정으로 이해하고 있다"라는 박수현 당시 청와대 대변인의 발언이다. 당연히 야당은 국회가 대통령 인사 검증 보조 기구냐고 반박할 만했다. 인사청문 대상의 확대 이후 야당의 동의 없이 대통령 인사권을 행사한 사례가 역대 정부 중 문재인 정부에서 가장 많았다.

인사청문회 자체의 문제점을 지적하기도 한다. 후보자에 대한 과도한 신상 털기가 인재 충원에 어려움을 준다는 것이다. 실제로 어느 장관 후보자의 경우 수십 명을 접촉했으나 거절했다는데, 청문회 신상 털기에 대한 부담이 가장 컸던 것으로 보인다. 개인 신상이나 도덕성 문제는 비공개로 운영하는 것이 바람직하다는 대안도 나온다. 물론 현행 '인사청문회법' 체계에서도 해당 위원회가 의결하면 비공개로 진행할 수 있다(제14조).

문재인 정부를 '내로남불'로 비판하면서 집권한 윤석열 정부 또한 출범 초 문재인 정부 못지않다. 21대 국회의 후반기 원구성이 지연된 때문이기도 하지만, 아예 청문회조차 거치지 않고 임명한 경우도 있고, 새 정부 출범기 인사 청문 대상 중에서 11명이 청문경과보고서 채택 없이 임명되었다.

여소야대 국회와 여당의 협상력

문재인 정부는 20대 국회와 21대 국회에 걸쳐 있었다. 2016년 20대 총선에서 1석 차이로 제1당이 되었던 민주당은 다음 해에 문재인 대통령 당선으로 집권 여당이 된다. 물론 어느 당도 과반을 차지하지 못해 제3당의 역할이 컸던 때다. 연정을 하지 않는 한 기본적으로 여소야대 구조였다. 2020년 21대 총선에서는 민주당이 압도적인 다수를 차지해, 문재인 정부 후반 2년은 여대야소 국회였다. 2022년 윤석열 정부에 정권을 넘겨주며 민주당은 야당으로서 여소야대의 중심이 된다.

다당 체제의 여소야대 국회에서는 제3당의 역할이 중요하다. 문재인 정부 초기 여소야대 상황에서 '국민의당'이 그런 제3당이었다. 국민의당은 중요 국면마다 집권 민주당을 지원하며 정부 여당에 협력했다. 그런데 2018년 7월에 민주당 추미애 대표가 '머리 자르기' 파문을 일으키며 제3당과의 협치에 위기를 맞기도 했다. 국민의당 당원 이유미의 제보 조작 사건에 대해 안철수 당시 국민의당 대통령 후보와 당대표였던 박지원 의원이 몰랐다는 건 말이 안 되다고 하면서 이는 '머리 자르기'라며 협력관계에 있는 상대 당 지도부의 책임론을 제기한 것이다. 지도부 책임론뿐 아니라 머리 자르기라는 표현에 국민의당은 더 노발대발했다. 국민의당 원내대표는 추미애 대표의 사퇴까지 요구했다. 국민의당은 여소야대 구조에서 캐스팅보트 역할을 하면서 여당 민주당에 적절히 공조를 해왔던 결정적인 도우미였다. 그런데 국민의당의 강경 대응으로 추경안 국회가 중단되어 버린다.

결국은 이 사태는 청와대 임종석 비서실장이 국민의당 지도부를 찾아가 사과를 하면서 정상화된다. 문제를 정치적으로 푸는 것이 정당인데, 오히려 청와대 쪽에서 문제를 푼 셈이 되었다. 그러다 보니 당시 '추미애 패싱'이라는 용어까지 나왔다. 여소야대 다당 체제에서 있었던 이런 식의 갈등에는 추미애 당시 당대표의 개인적 특성이 크게 작용했지만, 우리 국회에서 여당과 야당의 위상, 상호관계에 대해 생각하게 하는 대목이었다.

그렇잖아도 현행 대통령제에서 여당의 입지는 매우 모호하다. 대통령에 종속되어 자율적인 역할을 못한다. 그러다가 집권 후반 대통령 지지도가 떨어지면 언제 그랬냐는 식으로 대통령과 따로 움직인다. 그나마 국회를 무대로 야당과 함께 활동하는 여당은 집권 세력과 야당 사이에서 갈등 조정 역할을 종종 해왔다. 그런데 앞에서 말한 경우처럼 오히려 여당이 갈등을 더 조장하거나, 반대로 대통령으로부터의 자율성이 별로 없을 때, 우리의 의회정치는 어려움에 처했다. 대통령의 의회주의에 대한 존중 여부와 당대표, 원내대표의 성향에 따라 여야 관계나 대통령과의 관계가 영향을 받는다.

2020년 5월 21대 총선에서는 민주당이 전체 300석 중 180여 석의 압도적인 다수를 차지한다. 여소야대의 어려운 조건을 완전히 역전시킨 것이다. 민주당은 다수의 위력을 발휘할 수 있게 된다. 그래도 야당과의 협치는 여전히 과제로 남는다. 오히려 압도적 다수와 소수의 세력 구도는 협력적인 국회 운영에 별 도움이 되지 않았다. 여당은 압도적 다수의 위력을 바탕으로 소수 야당에 대해 타협적인 태도의 필요성을 절감하지 않았고, 소수 야당은 여당의 일방주의를 비판하는 데 초점을 맞췄다. 앞에서도 몇 번 얘기한 적 있지만, 우리 헌정사에서 여야 대립 구도가 형성되지 않았던 제헌국회, 그리고 여소야대 국회일 때 오히려 우리 국회는 좋은 활동 기록을 남겼다. 5공 청문회를 열었던

13대 국회 전반기, 박근혜 대통령 탄핵 소추를 했던 20대 국회 전반기 모두 여소야대의 다당제 구조 국회였다.

윤석열 정부에서는 출범 과정부터 당대표와 대통령 세력이 충돌하는 양상이 벌어졌다. 2021년 30대의 청년 정치인 이준석이 파격적으로 국민의힘 당대표가 되었다. 그의 행보 또한 파격적이었다. 윤석열 대통령과는 후보 시절부터 이견을 보이고 갈등 상황을 맞기도 했다. 이준석 대표의 행보가 국민의힘에 갈등을 불러일으키기도 했지만, 동시에 당에 새로운 에너지를 만들기도 했다. 어쨌든 이준석 당대표 체제로 대선에 승리했고, 이어지는 2022년 6·1 지방선거에서도 대승을 거두었다.

지방선거 이후에도 이준석 대표는 윤석열 대통령 쪽 사람들, 이른바 윤핵관들과 이런저런 갈등을 겪다가 당대표로서 자진 사퇴 이외의 방식으로 징계를 받는 초유의 일이 일어났다. 이 과정에서 윤석열 대통령이 이준석 대표를 '내부 총질' 하는 문제 있는 사람으로 인식한다는 문자가 공개되기도 했다. 당이 비상대책위원회 체제가 되고, 이준석 대표는 위법이라면서 비대위 효력 정지 가처분 신청으로 법적 대응을 반복하는 상황이 벌어진 것이 윤석열 정부 집권 초기 여당의 모습이었다. 기성 정당과 새로운 청년 리더십의 시행착오, 이준석 당대표 개인의 독특한 캐릭터, 정당정치 경험이 전무한 윤석열 대통령의 리더십 등이 복합적으로 얽힌 집권 여당의 갈등이었다.

13

민주공화국의 헌법과 개헌

제헌절과 민주공화국의 헌법

제헌절은 1948년 처음으로 헌법을 제정해 공포한 7월 17일을 기념하는 날이다. 국가의 기본 질서를 규정한 헌법을 만들어 공포한 날이기 때문에 국가적으로 가장 중요한 기념일이라고 볼 수 있다. 법에서는 국가 차원에서 기념하는 날을 '국경일'로 규정한다. '국경일에 관한 법'인데, 이 법에서는 다섯 개의 기념일을 국경일로 정한다. 제헌절을 비롯해 삼일절, 광복절, 개천절, 한글날이 법이 정한 5대 국경일이다. 본래 4대 국경일이었으나 2005년 한글날이 포함되어 5대 국경일이 되었다. 민족국가의 독립을 외친 삼일절, 헌법을 제정한 제헌절, 일제에서 해방된 광복절, 한민족의 기원을 기리는 개천절, 우리의 글을 반포한 한글날 모두 우리 국가의 근간이 되는 중요한 날이다. 5대 국경일 중 제헌절만 공휴일이 아니다. 토요휴무제로 공휴일이 늘어나면서, 2008년부터 제헌절을 공휴일에서 제외했다. 참고로 5대 국경일 중 네 개 국경일 노래를 위당 정인보 선생이 작사를 했고, 「한글날 노래」만 한글 학자 최현배 선생이 작사했다.

우리 정부가 없던 시절인데, 맨 처음 헌법은 누가 어떻게 만들었을까? 1948년 5월 10일 처음으로 대표 기구인 국회를 구성하기 위해 국회의원들을 뽑았다. 당연히 선거를 치르는 절차 등을 규정한 선거법이 필요했다. 아직 우리 정부가 없었기 때문에 과도입법의원 등이 참여하기는 했지만, '선거법'은 미군정청 군정법령(175호)으로 발표되었다. 이 선거법을 근거로 200명의 초대 국회의원을 선출했는데, 제주 지역 세 개 선거구 중 두 군데서 선거를 치르지 못해 두 명을 제외한 198명이 선출된다. 제주 지역은 당시 남쪽만의 단독정부 수립을 위한 총선은 안 된다며 남로당이 주도한 5·10 선거 반대운동에서 촉발된 대혼란 상황에 놓여 있었다. 어쨌든 이렇게 구성된 초대 국회에서 헌법을 제정했다. 그래서 그 초대 국회를 제헌국회라고도 부른다.

"대한민국은 민주공화국이다"의 의미는?

'헌법' 제1조는 "대한민국은 민주공화국이다"로 시작한다. 대한민국은 민주주의 원리에 토대를 두고 있고, 왕정이 아니라 공화정이라는 것이다. 왕의 나라가 아니라 국민의 나라라는 이야기다. 최근 공화국의 의미에 대해 여러 심오한 주장을 하는 사람들도 있지만, 헌법에 규정된 공화국은 왕국이나 군주제 국가가 아니라는 내용이다. 민주주의 개념에 'of the people', 즉 국민(시민)이 주체라는 의미를 포함하면 공화국과 공화정은 민주주의에 포함되는 개념이라고 할 수 있다. 조선 왕조 국가가 일제를 거치면서 단절되었다가 왕정이나 입헌군주제로 회복된 것이 아니라 공화국으로 새롭게 출범한 것이다. 이 공화국은 이미 1919년 대한민국임시정부의 임시헌장과 이어 제정된 임시정부 헌법에서부터 규정된다. 그래서 이 임시정부 헌법 체제를 기점으로 보아 2019년에 대한민국 민주공화국 100주년을 기리는 행사를 치르기도 했다.

'헌법' 1조가 민주공화국과 국민주권을 규정하는 것에서 알 수 있듯이 우리 헌법의 가장 일차적인 원리는 국민주권에 토대를 둔 민주공화국이라고 할 수 있겠다. 헌법의 순서를 보면, 전문 다음에 제1장이 총강이고, 제2장 국민의 권리와 의무, 그다음 제3장이 국회다. 그리고 대통령과 행정부 등이 이어진다. 구체적인 항목을 보아도 역시 가장 중요한 것은 국민의 기본권을 규정한 '국민의 권리와 의무'다. 그다음에 국민의 대의기구로서 국회를 규정하고 있다.

제헌 이후 9번의 개헌이 있었다. 앞에서 얘기했듯이 유신헌법에서는 국회가 아주 뒤 순위로 밀려났다. 실제 위상도 그랬다. 1987년에 만들어진 현행 헌법에서도 국회는 기본권 다음에 두었으며, 대의기구 중에서 맨 앞에 위치해 있다. 대통령도 국회 다음이다. 그런데 알다시피 현재 우리 정부는 대통령중심제이고, 실제로 대통령의 역할이 결정적인 권력 구조다. 이런 점에서 헌법 순서상 제1 대의기구로서 국회의 명실상부한 역할은 무엇일까 생각해 보게 된다.

정부수립일, 건국절, 민주공화국 100년

8월의 국경일은 광복절이다.

흙 다시 만져보자 바닷물도 춤을 춘다. ……

앞서 말했듯이 〈광복절 노래〉 노랫말은 위당 정인보 선생이 썼고, 작곡자는 〈보리밭〉을 작곡한 윤용하다.

1945년 8월 15일을 광복의 날로 기려 광복절로 지정한 것이다. 우리나라를 합병했던 일제가 연합군에 항복한 날이다. 엄밀한 의미에서 우리가 전쟁에서 승리한 것은 아니었다. 연합국과 일제 사이의 전쟁에서 연합국이 승리한 것이다. 우리가 연합군의 일원으로 전쟁에 참여해야만 종전 후에 승전국으로서 한국의 독립을 확보할 수 있을 거라는 인식이 있었고, 또 이를 위해 연합군의 일원이 되고자 노력했지만 성과를 거두지는 못한 채 제2차 세계대전이 끝났다. 일제에 합병되어 국권을 상실하면서, 국제적으로도 자주적 주권을 인정받지 못했다. 그래서 연합군이 승리하자 일제 대신 연합군 지배 체제가 된 것이다.

남쪽은 미국, 북쪽은 소련이 일제를 대체했다. 다만 일제의 패망으로 자유와 광복의 새 공간이 열린 것은 분명했다. 이후 신탁통치 논란 등을 거치면서 독립국가로의 기회가 열린다. 그러나 미소의 분할 지배는 그대로 이어져 남북이 분단된 채 각각 독립국가를 세우게 된다. 일제는 패망했지만, 우리에게는 준비된 국가의 단일 주체가 없었고, 또 만들지 못한 것이 결정적인 한계였다.

1948년 8월 15일 우리의 대한민국 정부가 출범한다. 이날을 건국절로 해야 하느냐, 정부수립일로 해야 하느냐 논란이 있었다. 우리의 오랜 건국일인 개천절이 있더라도 근대국가로의 재탄생일을 이야기할 수는 있다. 민주공화국의 출범일인 셈이다. 새 공화국의 건국일로 정할 수도 있다. 그런데 민주공화국을 기준으로 한다면, 이미 1919년에 민주공화국 체제를 선포했던 임시정부에서 시작된 것으로 보아야 한다고 주장하는 쪽도 있다. 그러면서 우리 헌법이 이미 이 임시정부의 법통을 계승한다고 명시한 점도 덧붙인다. 어느 쪽이든 그동안은 건국일, 정부수립일이 별 논란 없이 혼용되어 쓰여왔다.

그러다 이명박 정부에서 건국절 행사를 대대적으로 기획해 치른다. 이른바 '뉴라이트(new right)' 사관에 기초한 역사 재정립 시도였다. 1948년 8월 15일이 건국절이 되면 초대 정부를 주도한 이승만 대통령은 건국의 아버지라는 논리로 이어진다. 진보 진영을 중심으로 지배해 왔던 이승만 대통령에 대한 비판적 해석을 극복하려는 의도였다. 이는 보수 세력이 한국 민주공화국 체제의 주도 세력이라는 취지를 담고 있다. 이승만 등을 친일이나 반민주 세력으로 규정하는 경향이 있는 진보 진영에서는 반대했다. 이후 역사 교과서 논쟁에서 중요한 쟁점이 되었다.

보통 건국절 논쟁이 있으려면 얼마나 오랜 전통까지 소급해야 하느냐가 쟁점이 될 법도 한데, 우리는 분단정부 이전과 이후가 쟁점이 되고 있다. 참고로 미국에서는 건국절이라고 하기보다 독립기념일로 기념한다. 식민지 상태에서 독립해 건국한 나라임을 강조하는 것이다. 미국의 초대 대통령은 1789년 취임했지만, 독립을 선언한 1776년 7월 4일 필라델피아 대륙회의가 열린 날을 기념일로 삼고 있다.

2018년 광복절 72주년 경축사에서 문재인 대통령은 오는 2019년이 건국 100주년이 되는 해라고 말해 논란이 되기도 했다. 100주년론에 반대하는 쪽에서는 1948년 건국절 주장에 쐐기를 박으려는 문 대통령의 의도로 보았다. 임시정부가 민주공화국을 맨 처음 선포한 것은 맞지만, 영토와 주권이 행사되는 실질적 의미의 국가 수립은 아니었다는 것이 반대 쪽 논거다. 헌법에 명시된 임시정부의 법통 계승은 말 그대로 계승일 뿐 본격적인 건국은 이승만 정부 출범으로 봐야 한다는 주장이다. 앞서 지적했다시피 어느 쪽이든 의미에서는 큰 차이가 없을 수도 있다. 가급적이면 건국의 역사를 길게 소급하는 것이 바람직해 보이기도 한다. 그런데 정권에 대한 평가를 연결하려 하면서 정파적 쟁점이 되어버렸다. 앞서 말했듯이 2018년에 문재인 대통령은 다음 해를 두고 건국 100주년이라고 했지만, 2019년 들어서는 정부에서 '건국 100주년'이라는 용어를 쓰지 않았다. 그 대신에 '임시정부 100년', '민주공화국 100년'이라는 용어를 사용하면서 건국절 논란은 재연되지 않았다.

왕조에서 민주공화국으로

광복 후 제1공화국 수립을 두고 우리나라가 민주공화국의 형태로 재출범했다고 했는데, 그 이전 우리의 국가 체제는 어떤 형태였을까? 그 이전까지는 왕조 체제였다. 그러니까 광복 이후 왕조 체제, 즉 군주제에서 공화국으로 이행한 것이다. 중간에 일제에 의한 단절이 있었다. 알다시피 일본은 지금도 왕이 있다. 왕은 있지만, 통치는 헌법에 따르는 민주주의 체제다. 유럽의 국가들 역시 왕조가 갑자기 붕괴되는 것이 아니라 법에 따라 왕이 통치하는 입헌군주제를 거치는 경우가 많았다. 입헌군주제에서 왕의 권한, 역할이 점차 축소되는 방향으로 진행되었다. 아직도 입헌군주제를 표방하는 나라도 있다. 명목상으로는 왕이 있지만, 왕의 나라가 아니라 공화국을 표방하는 나라들도 있다. 한때 입헌군주제였다가 전쟁 등을 거치면서 완전한 공화제로 바뀐 경우도 있다.

입헌군주제와 왕정이 오가기도 한 프랑스에서는 현재 5공화정 체제가 지속 중이다. 왕이 없는 나라들에서는 의원내각제인 경우라도 대통령을 국가수반으로 하는 제도를 갖추었다. 독일이 그런 경우다. 그래서 독일의 내각제를 순수내각제, 일본과 영국의 내각제를 입헌군주내각제라고 부르기도 한다. 우리나라가 만일 일제의 지배가 없었다면 혹시 입헌군주제 과정을 거쳤을지 모른다. 미국은 왕조의 바탕이 없는 상태에서 독립하여 건립된 신생국가였다. 그런 배경이 있었기에 유럽과 달리 대통령제라는 독특한 제도가 탄생한 것이다. 왕조의 유산이 없이 출범했다는 점에서는 미국은 우리와 비슷하다.

87년 체제의 개혁과 개헌 필요성

현행 헌법 자체를 개정해야 한다는 주장은 오랫동안 존재해 왔다. 이미 지난 17대 국회부터 헌법 개정을 검토했다. 알다시피 현재의 헌법은 1987년 9차 개헌으로 명문화된 것이다. 민주화 초기 성과로 만들어진 헌법이 이제는 시대적인 환경과 요구에 맞게 개정되어야 한다는 것이 개헌론이다. '87년 체제'라는 틀을 벗어나야 하며 그러려면 87년 체제의 중심인 87년 헌법도 바꿔야 한다고 주장하는 사람들이 적지 않다. 특히 역대 국회의장들은 개헌의 필요성을 강조해 왔고, 정세균 의장 등은 개헌을 국회의장의 제1의 소명이라고까지 표현했다.

정세균 국회의장실이 2016년 7월 12일부터 이틀 간 한국리서치에 의뢰해 전국 19세 이상 성인 남녀 1000명을 대상으로 실시한 여론조사(표본오차 95%, 신뢰수준 ±3.1%p)에 따르면, '개헌에 찬성한다'는 쪽이 75.4%였다. 쟁점이 되었던 정부 형태에 대해서는 46.0%의 응답자가 '혼합형 정부 형태'(국민이 뽑은 대통령과 국회가 선출한 총리가 공동책임을 지는 정부 형태)를 택했고, 대통령제(38.2%), 의원내각제(13.0%)가 뒤를 이었다. 다른 여론조사를 보면 대통령제를 가장 선호하는 결과도 많았다. 질문 방식이나 조사 당시의 분위기에 따라 결과가 달리 나온 것이다.

정부 형태뿐 아니라, 기본권 조항 개정도 자주 거론된다. 앞의 여론조사에서도 '헌법상 기본권을 강화해야 한다'는 응답이 93.0%였다. 안전권과 생명권, 환경권, 건강권·보건권이 언급되었다. 기본권이 강화되는 것은 당연히 바람직하다. 그런데 현재 우리의 헌법 조항이나 규정 때문에 기본권이 보호받지 못하는 상황은 아니다. 반면에 정부 형태의 경우는 헌법에 대통령중심제로 규정되어 있기 때문에 다른 정부 형태를 운영하는 것이 불가능하다. 다른 정부 형태가 필요하다면 개헌을 해야 한다. 기본권의 경우 기왕 헌법을 개정하는 김에 시대에 맞춰 다듬는 것은 유용하다. 그러나 이 때문에 당장 개헌을 해야 하는 상황은 아닌 것이다.

사실 개헌론은 현행 대통령제에서 드러난 문제 때문에 등장했다. 그런데 정부 형태 개편을 위한 개헌을 비판하는 쪽에서 이보다는 기본권 강화가 우선이라고 주장을 하기 시작했다. 정부 형태는 정치인들을 위한 것에 불과하고 국민과 관련된 핵심은 기본권 조항이라는 논지였다. 언뜻 보면 그럴듯할 수도 있다. 헌법 때문에 기본권 보장이 제대로 되지 않는다면 말이다. 그런데 앞서 지적했다시피 정부 형태에 대한 현행 헌법과, 기본권에 대한 현행 헌법의 의미는 차원이 다른 문제다. 노동권이나 분권 등과 관련된 논의도 개헌을 해야만 해결되는 문제인지 헌법 체계와 관련해 살펴볼 사안이다.

2018년 6·4 지방선거 일정에 맞춰, 문재인 대통령이 3월 26일 대통령 발의 개헌안을 국회에 제출하기는 했다. 대통령 연임 허용과 결선투표제를 넣고, 지방분권을 강조하는 안이었다. 감사원의 국회 이관을 개헌 내용에 담았지만, 제왕적 대통령제 재편이라는 국회 개헌론자들의 입장과는 초점이 좀 달랐고, 여러 정치적 이해관계가 맞물리면서 국회에서 의결에 부치지 못하고 자동 폐기되었다. 20대 국회 후반기 문희상 국회의장은 "제왕적 대통령제 권력을 분산시키는 개헌이 개혁입법의 출발"이라며 차기 21대 국회에 주문했다.

21대 국회에서 박병석 국회의장은 "국민통합의 제도적 완성은 개헌"이라며 국회의장 직속으로 '국회국민통합위원회'를 출범시켜 개헌 동력을 살려보려 했다. 그러나 현실적인 개헌 추진으로 이어지지 못한 채, 21대 후반기 국회의장의 취임사에 과제로 담겼다.

정치자금과 정치, 권력과 경제

20대 대선 보조금 상한액 514억

중앙선거관리위원회가 제20대 대통령선거에 참여한 정당에게 선거 비용 보전액 826억 원과 국가 부담 비용 89억 원 등 총 915억 원을 지급했다고 밝혔다. 선거 비용 보전 대상 정당은 더불어민주당(431억 원)과 국민의힘(394억 원)이었다.

후보자의 득표수가 유효 투표 총수의 15% 이상이면 정당 또는 후보자가 지출한 선거 비용이 전액 보전되는데, 보전 상한액은 법정 선거 비용 상한액인 513억 900만 원이다. 10~15%를 득표한 경우에는 절반을 되돌려 받는다. 2.37% 득표한 정의당의 심상정 후보를 비롯해 나머지 후보들은 선거 비용을 보전받지 못했다. 다만 득표율과 관계없이 보전해 주는 점자형 선거공보, 점자형 선거공약서 등의 비용은 13개 정당에 총 89억 6000여만 원이 지급되었다.

후보 기탁금도 득표율 기준에 따라 보전 여부가 결정된다. 대통령 후보 기탁금은 3억 원이다. 후보 등록을 할 때 선관위에 내야 하는데, 한때는 5억이었다가 낮춘 것이다. 국회의원 후보의 등록 기탁금은 1500만 원이다. 국회의원 비례대표도 마찬가지로 1500만 원이었으나, 너무 과하다며 헌법불합치 판정을 받아 2020년 21대 총선을 앞두고 500만 원으로 조정되었다. 시도지사와 교육감 후보의 기탁금은 5000만 원으로 대통령 다음으로 높다. 광역 단위를 선거구로 삼고 있기 때문에 국회의원보다 금액이 큰 것으로 보인다. 기초 단위의 시장·군수는 1000만 원, 광역의원 300만 원, 기초의원은 200만 원의 기탁금을 납부해야 한다. 지방의원 비례대표는 국회의원과 달리 기탁금이 지역구 후보와 동일하다.

선거 비용 보전에 관해 말했는데, 선거 비용 보전만이 아니라 평상시에도 정당에 국고보조금이 나오고, 전국 선거가 있는 해에는 그 배가 지원된다. 20대 대선을 앞두고 더불어민주당은 279억여 원, 국민의힘은 224억여 원을 각각 보조금으로 받았다. 선거 비용도 보전받으면서 이중으로 지원받는 것 아니냐는 비판도 있다. 실제로 큰 정당들은 선거를 치르면서 당 자산이 불어난다.

후보 기탁금 없는 나라

공직 후보자로 선거에 나서는 사람들에게 반드시 기탁금 내도록 해야 하느냐는 논란도 있다. 물론 기탁금 제도는 후보 난립을 방지하고 최소한의 책임을 지도록 하는 제한이 필요하다는 취지에서 도입한 것이다. 기탁금이 아예 없는 나라도 있고, 있더라도 액수가 대부분 적은 편이다. 미국, 프랑스, 독일, 이탈리아, 스페인, 스위스, 멕시코, 브라질은 기탁금 제도가 아예 없다. 영국 국회의원은 우리 돈 기준으로 94만 원, 호주 27만 원, 캐나다 86만 원, 뉴질랜드 16만 원, 일본 3200만 원이다. 일본만 우리의 2배 정도고, 대부분 없거나 미미하다. 물론 선거

공영제 비용 등도 감안해서 따져봐야 한다.

돈과 정치, 돈 많은 사람은 기탁금 부담이 별로 없을 것이다. 간혹 정치 비용 관련해 국가적 보전이 없다면 돈 없는 사람은 정치할 수 없고, 돈 많은 사람들만 하라는 얘기냐라는 불만도 나온다. 우리나라 국회의원들은 평균적으로 일반 국민들보다 재산이 훨씬 많다. 고위공직자의 월급은 일반인 평균보다 훨씬 높다. 간혹 정몽준, 김병관, 안철수 의원 등처럼 엄청난 자산가들이 포함되어 평균 자산이 아주 높게 나오기도 하지만, 이들을 제외하면 중앙의 고위공직자나 자치단체 공직자 재산 평균은 보통 일반인의 6배 내외다. 어쨌든 예상하고 있듯, 국가기구의 고위직에는 재산이나 학력이 높은 계층이 포진한다. 사회적 평등과 국가의 역할 관련해 어떻게 해석을 해야 할까?

기탁금 등의 정치자금은 정치인 개인의 자산 능력과 관련되지만, 선거에 나서는 후보나 국회의원들의 정치자금은 대체로 후원금이나 국가보조금 등으로 충원된다. 현역 의원 대부분은 후원금이나 보조금 등으로 선거 비용을 충당하고도 남는 경우가 많다. 과거에는 정치자금의 적법성 기준이 분명하지 않았다. 기업인에게 자금을 지원받을 수 있으면 그만큼 능력 있는 것으로 간주되었고, 이로 인해 정경유착이 일상적이던 시절도 있었다. 요즘은 정경유착이 완전히 없어졌다고 보기는 어렵지만, 정치자금의 적법성 기준이나 적용이 엄격해졌다. 법적으로 엄격해진 만큼, 국고보조금 형태의 국고 지원 규모는 점차 커져 왔다. 정당에 대한 국고보조금 제도가 전두환 정권 시기부터 시작되었다는 점은 흥미롭다. 일부에서는 집권 과정에서 정당성이 취약했으므로, 야당에 대한 유화책으로 국고보조금 제도를 도입했다고 보기도 한다. 전두환, 노태우 등이 불법으로 수천억을 받아 추징당한 사실에서 알 수 있듯이 집권 여당은 마음대로 돈을 모을 수 있던 시절도 있었다.

국가 주도 산업화 시대의 정치자금

박정희 정권 시기까지는 정권이 대기업 등의 성패를 좌우할 수 있는 것이 우리 경제 구조였다. 이른바 국가 주도의 산업화 시기였다. 대규모 산업의 경우 해외 차관 등을 통해 자금을 확보했는데, 이럴 경우 국가가 보증을 서 차관을 들여올 수밖에 없었다. 기업 운영에서도 정부의 역할이 결정적일 수밖에 없는 시절이었다. 이렇다 보니 기업들이 앞다투어 정권에 정치자금을 갖다가 바쳤다. 보기 드물게 야당 정치인을 지원하는 기업도 있었지만, 이는 아주 특별한 경우였다. 독재 정권 시절 야당을 지원한다는 것은 위험 부담이 클 수밖에 없었다. 간혹 유화책으로, 정권에서 야당 정치인에게 소액의 자금을 주기도 했는데, 이는 간혹 사쿠라 논쟁의 배경이 되기도 했다.

산업화 초기에는 기업들이 해외 차관 자금에 의존한 만큼, 우리 경제 규모에 비춰 차관 비중이 높았다. 참고로 1983년 멕시코에서 열린 세계청소년축구대회에서 우리나라 축구가 실력으로 처음 주목을 받았다. 4강까지 올라갔는데, 당시 우리 선수들의 유니폼이 붉은색이었다. 선수들이 쉬지 않고 악착같이 뛰어 4강까지 올라가는 과정에서 그들을 '붉은악마'라고 불렀다. 우리 국가대표 응원단의 이름이 여기서 기원한 것이다. 권력과 기업 이야기를 하다 갑자기 왜 축구 이야기가 나오느냐 할 거다. 재밌게도 우리나라와 함께 당시 청소년 축구 4강에 올라간 브라질, 아르헨티나, 개최국 멕시코가 4대 외채국이었다. 물론 지금은 우리 경제 구조나 규모가 확연히 달라졌다.

국가 주도 산업화 과정에서 성장한 대기업들이 1980년대 들어서는 국가권력, 즉 정부와 긴장관계를 이루기도 한다. 전두환 정부에서 정권 관련 사업을 위해 대기업들에서 자금을 갹출하며 생긴 불만이 나중에 5공 청문회에서 폭로되기도 했다. 5공 청문회는 전두환 정권의 군사쿠데타와 광주 학살, 그리고 부패와 비리 문제를 국회에서 다룬 청문회였다. 정주영 현대그룹 회장이 부당한 요구였지만 주지 않으면 기업이 죽을지 몰라 어쩔 수 없이 전두환 정권에 돈을 주었다고 청문회장에서 말했다.

대선 후보로 직접 나선 정주영 회장

정주영 회장은 1992년 14대 대통령선거에 후보로 직접 나섰다. 기업가에게 돈 뜯는 정부가 아니라 기업을 괴롭히지 않으면서, 현대그룹을 성공시켰듯이 국가 경영 잘할 수 있다는 것이 출마의 변이었다. 정경유착이 아니라, 기업가 출신이 정치도 직접 하겠다는 것이었다. 그가 내세운 공약 중 '아파트 반값'이 기억난다. 현대건설을 경영하며 많은 아파트를 지어봤으므로, 공급가의 절반 가격에 아파트를 공급할 수 있다는 공약이었다. "내가 해봐서 안다"라고 하니까 국민 상당수가 그럴 수도 있겠다며 관심을 보였다. 그렇지만 대통령이 되지는 못했다. 그는 대통령에 당선된 김영삼, 2위 김대중 후보에 이어 16.3%를 득표해 3위를 차지했다.

정주영 회장은 14대 대선 도전에 앞서 통일국민당을 창당해 14대 총선에 임했다. 그 총선에서 통일국민당은 31석을 차지했다. 신생 정당으로 제3당에 오른 것 자체가 대단한 성과였다고 할 수도 있다. 그러나 대권에 도전하기에는 역부족이었다. 이후 정주영 회장의 아들 정몽준 의원이 아버지가 못다 이룬 꿈인 대권에 도전하려 시도했지만, 뜻을 이루지 못한다. 정몽준 의원은 이후 서울시장에 도전했는데, 이마저도 성공하지 못했다. 이명박 전 대통령은 재벌은 아니었지만, 대기업 CEO 출신으로 대통령이 된 경우다.

다른 나라들에서도 종종 기업가들이 대통령과 같은 최고 정치지도자 자리에 오르기도 한다. 미국의 트럼프(Donald Trump) 대통령이 그런 경우다. 세계적인 금융가 블룸버그(Michael Bloomberg)는 뉴욕시장을 세 번이나 연임했다. 트럼프와는 비교할 수 없을 정도로 대부호로, 재임 중 연봉을 1달러만 받은 것으로 유명하다. 그는 엄청난 금액을 기부했다. 퇴임 후 그의 누적 기부액이 64억 달러에 이른다는 보도도 있었다. 미디어 제국을 이끌고 있는 그는, 한때 미국 대통령 후보군의 한 사람으로 자주 거론되었다.

"권력이 시장으로 넘어갔다"

국가가 주도하는 산업화 체제에서 국가권력에 종속된 것처럼 보였던 대기업들이, 1980년대에 들어 정권과 긴장관계를 이룰 만큼 성장했음을 이미 설명했다. 2005년 5월 노무현 당시 대통령은 "권력은 이미 시장으로 넘어갔다"라는 말을 했다. 대통령의 입에서 나온 이 말은 정치 권력이 경제 권력을 함부로 할 수 없는 상황이 되어버렸고, 우리 사회 권력은 경제 권력이 주도한다는 그런 말이다. '삼성공화국' 등의 표현이 있듯이 그런 측면이 없지는 않다.

그런데 적어도 단기적으로는 국가권력의 역할이 압도적일 수밖에 없다. 국가권력이 대기업이든 뭐든 기업을 합법적으로 통제하는 기능을 못한다면, 국가권력이라고 할 수 없다. 다만 한때 마르크스주의자들 사이에서 논쟁이 되었듯이, 국가권력이 구조적인 문제까지 극복하기에는 어려운 점 또한 분명하다고 봐야 할 것이다. 사실 당시 노무현 대통령의 발언을 두고 스스로가 이미 삼성과 유착관계에 있는 현실, 또는 무력감에서 비롯된 말로 해석하기도 했다. 김용철 변호사는 『삼성을 생각한다』(2010) 147쪽에서 부산상고 동문 노무현 대통령과 삼성 이학수 실장의 인연을 매개로, 노무현 정권과 삼성과의 관계를 말했다.

탄핵 후유증과
경쟁적 민주주의의 붕괴

몰락한 새누리당, 독주한 민주당

'몰락한 새누리당과 독주한 민주당' 이는 문재인 정부 초기의 정치 상황을 말한다. 2017년에 실시한 정당 지지율 여론조사를 보면 당시 여당인 더불어민주당이 50% 내외였고, 나머지 정당들의 지지율은 미미한 수준이었다. 제1야당인 자유한국당(국민의힘 전신)도 10~16% 정도에 불과했다. 경쟁적인 정당정치의 동력이 상실된 상황이었다. 정당정치를 통한 민주주의의 동력은 정당들끼리 서로 경쟁하면서 승리하기 위해 국민들에게 호소하는 데서 시작한다. 그런데 경쟁적인 상황이 붕괴되면 정당 민주주의의 동력은 약화될 수밖에 없다.

이렇게 된 데는 한국 양대 정당의 한 축인 자유한국당이 탄핵의 후유증에서 벗어나지 못했다는 것이 배경으로 작용했다. 여기에 문재인 정부에 대한 높은 기대로 국민의 지지가 민주당으로 쏠렸다. 그리고 2016년 20대 총선에서 정당 지지 2위로 원내 3당을 차지한 국민의당도 위상은 매우 약화되었다. 대권 경쟁에서 밀린 제3당이라는 점이 한계로 작용한 데다, 구심점인 안철수 전 후보에 대한 지지 하락이 겹친 결과였다.

탄핵 후유증을 이야기했는데, 이와 유사한 과거의 경험을 한번 살

퍼보자. 1960년 4·19 이후와 1987년 6월 항쟁 이후에도 정당정치의 재편을 볼 수 있었다. 4·19는 자유당의 부정선거에 대한 국민 항거로 정권을 굴복시켰다. 4·19가 일어나고 약 3개월 뒤인 7월 29일 국회의 원선거가 치러진다. 우리나라에서 처음으로 양원제가 도입되어, 민의 원과 참의원 선거가 동시에 실시되었다. 여기에서 자유당은 국민적 심판을 받아 민의원 233명 중 2석, 참의원 58명 중 4석을 차지해 몰락한다. 물론 당을 이탈해 무소속으로 당선된 사람도 있다. 그렇더라도 이 정도면 사실상 몰락한 것인데, 5·16으로 기성 정당이 모두 해체되면서 자유당도 완전히 소멸한다.

집권 여당이 몰락하자, 사실상 여당 역할을 한 제1야당 민주당의 독주가 시작되었다. 4·19 이후 제2공화국은 의원내각제를 채택했기 때문에 제1당이 된 민주당은 공식적인 여당이었다. 민주당 독주체이다 보니 여야 갈등보다는 민주당 내부의 신구파 갈등이 두드러졌다. 그런 민주당도 1년을 채우기 못하고 5·16으로 해산되어 버린다.

실패한 역대 집권 세력의 행로

최근의 탄핵 상황과의 가장 큰 차이는 무엇이라 볼 수 있을까? 탄핵으로 대통령은 바뀌었지만, 그 이전 20대 총선으로 구성된 국회의 원내 구조는 그대로였다는 점이다. 만일 탄핵 직후 총선이 바로 있었다면, 새누리당(자유한국당)은 거의 몰락 수준이 되었을 가능성이 크다. 그게 아니더라도 새누리당에서 훨씬 더 광범위하게 정당을 재편해야 할 수도 있었다. 물론 부분적인 재편은 있었다. 당이 총선이 아니라 대선 후보 중심으로 재편되자, 새누리당의 일부 의원들이 박근혜 대통령 국정농단에 대한 사과와 개혁보수를 내걸고 나와 '바른정당'을 만들었다. 2017년 1월, 의석수 30석으로 원내 4당이 되었으나 시간이 지나면서 10석 미만으로 왜소화되었다. 그 후 국민의당과 통합했다가 2020년 21대 총선을 앞두고 결국 자유한국당에 합류한다. 탄핵 이후 여론이 반영된 국회는 21대 총선으로 구성된다. 이때는 코로나19 팬데믹 상황이 크게 영향을 미쳤다.

또 다른 정치 변동기였던 1987년 6월 항쟁 직후에는 대선과 총선이 바로 이어졌다. 정당 재편의 기회였다. 그런데 전두환 정권 체제에서 여당이었던 민정당이 제1당으로 살아남아 집권을 이어갔다. 6월 항쟁이 사실상 겨냥한 청산 대상은 전두환 정권의 집권 여당이었다. 그런데 6월 항쟁 직후 치른 13대 대선에서 민정당의 노태우 후보가 36.6%의 지지를 받아 대통령이 된다. 역대 최저 득표율로 대통령에 당선된 것이지만, 어쨌든 군부정권 청산을 내건 정국에서 군부정권을 승계한 후보가 대통령에 당선된 것이다. 김영삼·김대중의 단일화 실패가 노태우 후보의 대통령 당선을 도왔다는 지적도 일리가 없진 않다. 그러나 당선의 1차적 요인은 대구·경북, 이른바 TK 지역의 노태우 후보에 대한 압도적인 지지였다.

다음 해 치러진 13대 총선에서도 민정당이 제1당이 된다. 그러나 과반의 의석을 차지하지는 못했다. 여소야대 4당 체제의 불안한 1당이었다. 이 불안한 정국에서 탈출하고자 했던 방법이 이른바 '3당합당'으로 이어진다. 노태우 정권의 민정당이 1990년 1월 김영삼의 통일민주당, 김종필의 신민주공화당과 통합한 것이다. 통합정당 명칭은 민주자유당(약칭 민자당)이었다. 그 후 신한국당, 한나라당 등 약간의 이합집산을 거쳐, 새누리당, 자유한국당, 국민의힘 계열로 이어졌다.

성격은 조금씩 다르지만, 4·19와 6월 항쟁 직후에는 대선 또는 총선에서 국민이 심판할 기회가 있었다. 그런데 4·19 후 자유당은 거의 몰락 수준에 처한 반면, 6월 항쟁 이후 집권 여당은 권력을 유지했다. 민정당은 6월 항쟁을 거치며 권력 기반이 약화되기는 했지만, 대구·경북 지역의 압도적인 지지를 기반으로 집권 정당의 지위를 유지했다. 이 지역에서는 군부정권 청산과 민주화 구호보다는 영남에 기반을 둔 노태우 후보에 대한 지지를 선호도가 높았고, 상대 후보에 대한 비호감도 큰 편이라 다수가 노태우 후보를 선택했다.

박근혜 대통령 탄핵 직후 우리 정치는 새로운 대통령 세력과 구정당정치 세력이 공존한 가운데 시작했다. 2018년 지방선거, 2020년 총선을 거치면서 민주당이 지방 권력과 중앙 권력 모두를 장악한다. 그러나 2021년 4·7 보궐선거부터 2022년 3월 대통령선거, 6월 지방선거에서는 자유한국당을 승계한 국민의힘이 승리해 국회는 민주당이, 정부 권력과 지방 권력은 국민의힘이 주도하는 상황이 되었다. 2020년 21대 총선을 통해 구성된 국회는 탄핵 정국과 코로나 팬데믹 상황이 만든 민주당 우위 구도가 유지된 반면, 정부 권력과 지방 권력을 뽑은 최근 선거에는 문재인 정부와 민주당에 대한 심판이 반영되었다.

영국 보수당에서 배운다는 한국당

2017년 문재인 정부 출범 후, 탄핵으로 위기에 처했던 자유한국당은 당의 활로 개척을 위한 노력의 일환으로, '영국 보수당에서 배우자'

를 내걸었다. 홍준표 대표가 앞장서 관련 전문 학자들을 초청해 학습을 하기도 했다. 당시 자유한국당이 한국에서 보수정당으로 불렸고, 영국의 보수당은 이름 자체가 보수당이라는 점에서 공통점이 있기는 했다. 물론 자유한국당, 국민의힘 등이 표방하는 보수의 배경과 영국 보수당의 가치, 역사 인식 등은 다를 수 있을 것이다.

보수주의 이론가를 대표하는 버크(Edmund Burke)는 보수당의 모태인 토리당과 경쟁한 휘그당에서 활동하며 점진적 개혁 노선을 펼쳤다. 그러다가 프랑스 혁명에서 목격한 급진적 변혁의 위험성을 지적하며, 보수주의 이론을 주창하게 된다. 보수주의의 기본 틀은 역사의 발전을 점진적으로 본다는 것이다. 현실에 여러 문제가 있더라도, 역사적 경험 속에서 나름의 장점이 누적된 결과로 보는 역사 인식이다. 급진 혁명은 불확실한 미래의 역사적 유산을 파괴하는 것이기에 위험하다는 역사관이다.

보수주의와 급진주의는 역사관에서 차이가 있지만, 정당사에서 학습할 것은 보수나 진보의 특정 관념이나 한때의 특정 정책이 아니다. 정치 조직으로서 정당이 시민의 요구에 어떻게 호응하고, 국가적·정치적 위기에 어떻게 대응해 왔는지를 배우는 일이다. 보수나 진보의 명목이 중요하지 않다는 것이다.

영국 보수당의 역사는 우리 정당사에 비하면 매우 길다. 영국 보수당의 역사를 17세기까지 소급할 수도 있겠지만, 명칭뿐 아니라 대중 기반의 정당으로 확산된 기점은 1차 차티스트운동(참정권 운동)의 파장으로 토리당이 패배한 뒤 1832년 보수당이라는 이름으로 재출범했을 때다. 토리당을 보수당으로 바꾸면서 새롭게 시작한 것이다. 요즈음도 보수주의자를 토리라고 부르기도 한다.

토리당은 휘그당과 더불어 17세기 말 왕과 귀족, 가톨릭과 비가톨릭이 갈등하는 과정에서 서로를 공격하며 만든 말이라고 한다. 귀족의 횡포와 비리를 비난하면서 왕권 강화를 주장하는 이들을 '산적(山賊)'이라는 뜻의 토리(tory), 왕권 제한과 개신교의 자유를 주장한 이들은 '좀도둑'이라는 뜻의 휘그(whig)라고 부르며 서로 비난했던 것이다.

도둑당, 당나귀당, 코끼리당, 황소당, 동인과 서인

토리, 휘그처럼 정치적 갈등 상황을 계기로 정파의 명칭이 정해지는 경우는 역사에서 적지 않게 찾을 수 있다. 조선시대 당파의 시작에서도 그런 사례를 찾을 수 있다. 훈구파 처리를 놓고 두 파로 갈린 사림 세력이 자기 쪽 인물을 이조전랑 자리에 앉히기 위해 파벌 싸움을 벌였는데, 양 측 중심인물이 각각 한양의 동쪽과 서쪽에 거주하고 있다 하여 동인과 서인으로 불렀다.

영국의 토리와 휘그처럼, 미국의 경우에도 민주당과 공화당이 서로 비아냥대며 상대를 빗댔던 동물이 정당의 상징이 되었다. 민주당은 당나귀이고 공화당은 코끼리다. 1827년 대통령선거에서 공화당은 민주당 후보 잭슨(Andrew Jackson)을 촌뜨기라 공격하며, 그의 이름을 비꼬아 당나귀(Jack-ass)라고 불렀다. 이에 잭슨은 "당나귀는 근면하고 성실한 동물"이라며 당나귀를 자처했고, 이를 계기로 당나귀는 민주당의 상징 동물로 자리한다.

공화당을 상징하는 동물이 코끼리가 된 것은 이보다 한참 뒤였다. 1874년 신문 만평에서 당시 민주당을 사자 탈을 쓴 당나귀로, 공화당을 사자 탈에 겁을 먹고 허우적거리는 코끼리로 묘사했다. 이를 계기로 코끼리가 공화당의 상징 동물이 되었다. 박정희 정권 시대의 민주공화당은 상징 동물을 황소로 정하고, 로고에도 사용했다. 황소처럼 열심히 일하겠다, 열심히 일하자 이런 주장을 담은 것인데, 당시 야당에서는 "배고파 못살겠다. 황소라도 잡아먹자"라는 선거 구호로 이를 공격하기도 했다.

영국 보수당의 경험과
한국 보수당

토리당 개혁으로 태동한 영국 보수당

영국 보수당의 출범 계기가 된 차티스트운동 초기에 선거권이 있는 유권자는 전체 인구의 2% 정도에 불과했다. 이것이 점차 확대된다. 그 확대 과정이 도시를 중심으로 이루어졌으므로 시민권과 참정권이 동일한 개념처럼 여겨지기도 했다. 최종적으로 여성에게까지 참정권이 부여된 것은 20세기에 들어와서다. 우리가 선진국이라고 하는 스위스의 경우는 특이하게도, 1972년에야 여성 참정권이 법제화되었다.

1832년 영국 토리당이 보수당으로 재탄생하면서 정책 개혁을 획기적으로 펼친다. 토리당은 농촌을 지지 기반으로 삼으면서 농업 귀족을 보호했던 곡물법을 지지했는데, 재탄생한 보수당은 곡물법 폐지에 적극 나섰다. 왕이 지명하던 의원내각제의 수상을 의회 다수당이 차지하는 오늘날의 제도 또한 출범시켰다. 참정권 확대와 더불어 새로 유권자로 등장한 도시 상공인들의 소리에 귀를 기울인 것이다. 그래서 다시 집권에 성공했다. 당시 보수당을 이끈 필(Robert Peel)을 영국 보수당의 창업자로 부르기도 한다. 이 당시 영국 보수당의 개혁은 점진적 변화라는 보수주의 기조보다, 시대의 새로운 요구에 충실히 호응하는 개혁이었다.

영국 보수당의 이념 제시한 디즈레일리

영국 보수당은 이후 몇 번의 역사적 정비 과정을 겪는다. 그중 대표적인 것이 디즈레일리(Benjamin Disraeli)의 보수주의 가치 정립이다. 헌정 질서 보존을 위한 애국주의, 대영제국의 보호, 국민의 삶을 증진하기 위한 사회 개혁을 보수당의 3대 이념이라고 강조했다. 그리고 사회통합, 하나의 영국을 강조했는데, 이를 위해서는 무엇보다 가진 자들의 사회적 책임인 노블레스 오블리주(noblesse oblige)가 필요하다고 역설했다. 이후 디즈레일리는 두 차례 수상을 지내면서 영국 근대사에서 주목할 만한 여러 개혁 조치를 단행했다. 디즈레일리를 영국 현대 보수주의 이념을 정립한 사람이라고 말하며 영국 보수당에서 배우자고 하는데, 그렇다면 우리의 보수당은 여기서 어떤 점을 배워야 할까?

참고로 토리당과 경쟁했던 휘그당은 토리당이 보수당으로 재편될 무렵, 거기서 일부 이탈한 세력과 함께 자유당으로 재출범했다. 그래서 영국 정당은 한동안 보수당과 자유당의 양대 정당 체제였다. 그런데 이 자유당은 1918년경 군소 정당으로 전락한다. 그 대신 이때부터 노동당이 보수당과 더불어 1, 2당 경쟁을 하게 된다.

정치적 전환기에는 역시 유능한 지도자의 역할이 중요하다. 사회주의적 요구가 강해지고 노동당이 경쟁 세력으로 등장했을 때 보수당을 이끈 볼드윈(Stanley Baldwin)은, 1931년 노동당 강령을 수용하는 이른바 신보수주의(new conservatism)를 내걸고 노동당과 연립정부를 구성하기도 한다. 영국 보수당 역사에서 1970년대에도 신보수주의가 등장했는데, 이때는 오히려 자유주의적 요소를 다시 강화하자는 주장

했다. 노동당의 경우는 1924년 소수 자유당과 연합해 내각을 주도한
적이 있었다.

'합의의 시대'에서 '뉴라이트'로

영국 보수당의 역사에서 볼드윈 시기와 사회주의적 요소인 노동당
강령마저 받아들인 '신보수주의' 시기까지 이야기했다. 제2차 세계대
전 이후, 영국은 노동당 주도권 시대가 된다. 전쟁에서 공을 세운 보수
당의 처칠까지 패배시키고, 노동당의 애틀리(Clement Atlee) 내각이
들어선다. "요람에서 무덤까지"를 주창한 「베버리지 보고서」(1942)의
친노동 복지 정책에 호응하고 노동당의 복지 노선을 수렴하며 집권하
기도 했던 보수당이, 이제 보수 재건운동에 나선다. 이를 청년보수주
의(young conservatism) 운동이라고 부른다. 기금 모금 방식을 새롭게
하고 조직을 젊게 정비하고자 했다. 한국당을 시작으로 국민의힘으로
이어지는 우리나라 보수당 또한 청년보수론, 청년강화론을 제기했다.
대처(Margaret Thather)가 집권한 1979년까지 보수당과 노동당의
경제·사회 정책은 차별성이 별로 없을 만큼 비슷했다. 그래서 영국 정
당사에서 1945~1979년 시기를 '합의의 시대'라고 부른다. 그러다가
1975년 보수당 당수에 오른 대처가 복지 축소, 민영화를 내걸었다. 신
우익(new right) 또는 앞서 이야기한 신자유주의를 앞세웠다. 이 뉴라
이트 개념을 우리나라 보수 진영이 한때 쓰기도 했다. 대처 수상이 노
조에 강경하게 대처한 데 대해 당시에는 공과 과 모두가 거론되었지
만, 대처가 사망하자 그때의 일이 역사적 비판의 초점이 되기도 했다.

최초의 영국 여성 수상인 대처는 1979년부터 1990년까지 11년간 재임했다. 1997년 노동당의 블레어(Tony Blair)가 수상에 오를 때까지 보수당은 18년간 장기 집권했다. 보수당의 장기 집권을 저지하고 국민 지지를 받은 토니 블레어의 노동당은 기존의 좌우 이념을 넘어서자며 '제3의 길' 노선을 내걸었다.

영국 보수당의 경험과 자유한국당

지금까지 영국 보수당의 역사에 대해 비교적 길게 이야기했는데, 우리나라의 보수정당임을 자임하는 정당 세력은 여기서 어떤 점을 배워야 할까? 서로 다른 역사적 배경과 경로에서 배울 것이 있을까? 분명한 것은 보수주의 정당이 보수 자체를 목적으로 했을 때가 아니라 그 시대에 필요한 사회적 요구에 충실했을 때 성공했다는 것이다. 더불어 정당의 기본 가치도 시대적 요구에 따라 재정립되어 왔다는 점을 염두에 두고, 국민 다수가 공감하는 대한민국이 지켜야 할 기본 가치는 무엇인가 고민하고, 이를 토대로 방향성을 정비할 필요가 있다. 그동안은 북한에 대한 강경 태도, 진보 세력 노선에 대한 반대 외에는 없었다.

정당이 역사성을 갖추면 당원 및 지지자들과 정체감을 형성하게 된다. 그렇지만 정당 자체가 목적이 되어서는 안 된다. 정당이란 정치적 목적, 정치적 가치를 실현하기 위한 조직이다. 그 조직이 그런 목적에 반하거나 실현하기 어려운 조직이라면 새롭게 시작하는 것이 당연하다.

탄핵 후유증을 겪던 당시 자유한국당 등에 주어진 과제는, 사실 다른 정당사에서의 학습 이전에 탄핵에 대한 성찰이었다. 성찰과 책임을 통해 이른바 '탄핵의 강'을 건너는 것이었다. 일부의 주장처럼 과도한 여론 재판이었건, 국정농단이 초래한 자멸이었건 간에 그에 합당한 자기책임을 물어야 했다. 없었다. 그래도 권력투쟁이 상대적 경쟁인 만큼, 문재인 정부에 대한 실망 속에서 국민의힘은 새로운 집권 세력이 되었다.

　　보수-진보 세력 양극화를 보며 중도 강화 주장이 10여 년 전부터 계속되고 있다. 안철수 의원은 중도를 강조하는 '극중주의'를 내걸기도 했다. 좌우 이념에 경도되지 않는, 중도에 대한 강한 의지를 일컫는 것이라고 했다. 이미 프랑스의 마크롱(Emmanuel Macron)이 극중주의를 내걸어 집권했다는 이야기까지 덧붙였다. 우리의 중도 개념은 포용력 있는 중용이라는 말과 궤를 같이하는데, 극중이라고 하면 좌우 이념 못지않게 또 하나의 극단적인 이미지를 주는 것 같아 적절해 보이지는 않았다. 안철수 의원이 던졌던 극중주의 개념은 별 호응을 얻지 못하고 사라졌다. 기존의 좌우 이념을 넘어서자는 주장과 정책은 1990년대부터 이미 있었다. 기든스(Anthony Giddens)의 '제3의 길', '좌우를 넘어서(Beyond Left and Right)' 이론, 그리고 이 이론에 발을 맞춘 영국 토니 블레어 수상 등을 기억할 것이다. 우리의 중도 필요성 논의에서는 정책 노선뿐 아니라 정치적 태도, 리더십에서의 관용과 포용적 태도에 초점을 맞출 것을 강조하고 싶다. 단지 가운데를 뜻하는 중도가 아니라, 중용의 중도 의미 그것이다.

미국 양당 체제의 역사와
한국 정당정치

민주공화당의 분화가 만든 미국의 양당

우리나라에서 정당정치를 말할 때, 사실은 영국보다 더 많은 예로 드는 것이 미국의 정당정치사다. 미국의 정당 체제를 두고 흔히 민주 당-공화당의 양당 체제라고 한다. 작은 정당들이 없지는 않지만, 의미 있는 수준에서는 양당 체제라고 봐도 무방하다.

18세기 말 독립국가 수립과 더불어 시작된 미국의 정당 체제는 몇 번의 이합집산을 거치면서 오늘의 민주당-공화당 체제가 되었다. 현재의 민주당-공화당 체제는 초기에 민주공화당이라는 단일 세력이었다가 분화되면서 만들어졌다. 왕권에 대해 견해차가 있었던 영국과 달리 새로 출범한 미국에서는 연방에 대한 정파적 관점과 이해관계가 쟁점이었다. 연방주의와 반연방주의의 세력 대결이었다. 건국 초기에는 연방주의자들이 주도했지만, 3대 대통령 제퍼슨(Thomas Jefferson) 시기부터 반연방주의 세력을 승계한 민주공화당 독주 체제가 된다. 연방주의자들은 나중에 휘그당에 합류하고, 이 휘그당은 공화당에 흡수된다.

잭슨파의 불만에서 비롯된 미국 민주당

　민주공화당의 분화는 1824년 대선 갈등 때문이었다. 독주하던 민주공화당 내부에서 네 명의 후보가 대통령에 도전했는데, 과반 당선자가 없었다. 당시 헌법에 따라 1, 2위를 미국 하원에서 결정하게 되었는데, 2위를 했던 애덤스(John Adams)가 1위를 했던 잭슨(Andrew Jackson)을 밀어내고 6대 대통령으로 당선되었다. 법에 따른 결과지만, 그 과정에서 세력 간의 연합 등을 놓고 잭슨 세력은 이권 담합이라며 반발했다. 이 잭슨 세력이 갈라져 나가 민주당을 만든다. 민주공화당의 잭슨파가 민주당으로 분화된 셈이다. 그리고 다음 대통령선거인 1828년 선거에서 잭슨은 대통령에 당선되고 민주당 시대를 열었다. 참고로 6대 대통령 애덤스는 2대 대통령 애덤스(John Adams)의 아들로서, 미국 정치사에서 우리가 아는 조지 H. W. 부시(George Herbert Walker Bush)와 조지 W. 부시(George Walker Bush) 이전에 처음으로 부자(父子)가 대통령이 되었던 경우다. 아들 애덤스 대통령은 대통령 퇴임 후에 17년간 하원의원을 지낸 것으로 유명하다. 우리나라의 경우는 대통령 퇴임 이후의 역정이나 문화를 말하기도 어려운 실정이다. 퇴임 이후 특별한 활동 기록이 없으며, 알다시피 여러 대통령이 퇴임 이후 사법처리의 대상이 되었다.

　잭슨파가 민주당으로 갔다면 나머지 세력은 국민공화당을 결성했다. 국민공화당은 이후 연방주의자들, 보수주의자들이 합류하면서 휘그당이 된다. 휘그당은 1854년 공화당으로 흡수·소멸되었다. 이때부터 오늘날의 민주당–공화당의 양당 체제가 본격화되었다고 할 수 있겠다.

공화당 대통령 링컨, 민주당 대통령 루스벨트

공화당 소속으로 맨 처음 대통령에 당선된 사람은 16대 대통령 링컨(Abraham Lincoln)이다. 1860년에 공화당 소속으로 대통령에 당선된 이래 공화당의 완전한 독주 시대가 장기화된다. 1933년 민주당 소속의 프랭클린 루스벨트가 32대 대통령으로 당선되기 전까지, 단 두 명을 제외하고 모두 공화당 소속이었다. 앞서 자유한국당이 개혁 과제의 모델로 영국 보수당의 개혁을 살핀다고 했었는데, 우리나라 민주당의 입장에서는 미국 공화당의 장기 집권 체제에서, 새로운 개혁 정책으로 정치 지형까지 흔들며 미국 민주당의 새로운 기반을 만들었던 프랭클린 루스벨트의 이른바 뉴딜연합은 참고할 만하다. 뉴딜연합에 대해서는 설명이 더 필요하나 여기까지만 언급한다.

한국정당의 발생론적 특성

영국의 정당사를 17세기까지 소급해 보았고, 미국도 18세기 말 독립국가 시기부터 이야기해 봤다. 우리의 경우에는 어디까지 소급할 수 있을까? 앞서 이야기한 조선 중기 사색당파 시기까지 소급할 수 있을지 모르겠다. 그런데 두 가지 측면에서 어렵다. 사색당파 시기에는 일반 백성의 참정권 기반이 없이 귀족, 양반들만의 붕당이었다는 점이다. 또 다른 하나는 우리 정치 세력의 역사가 일제의 합병으로 단절되어 버렸다는 것이다. 구한말 개화파, 독립협회 등이 일제의 합병이 아니었다면 근대 정당 세력으로 이어질 수 있었을지도 모른다. 일제 시기 독립운동과 더불어 여러 정당이 활동하기도 했다. 그러나 본격적으로 우리 정부를 무대로 한 정당정치 시기는 해방 후 정부를 구성하는 과정에서부터였다 할 수 있겠다.

우리나라뿐 아니라 정당사가 17세기부터 시작된 영국의 경우도, 정당이라는 것이 초기에는 상층 귀족들을 중심으로 한 붕당에 가까웠다고 볼 수 있다. 그러다가 점차 시민계층과의 대표-지지 관계를 확장해 간 것이다. 지적했다시피, 19세기 초 1차 참정권 확대운동 시기에도 선거권을 가진 유권자는 국민의 2%에 불과했다. 그 점에서 일제 지배에 의한 단절이 없었다면 우리의 정당정치 역사가 19세기 말부터 이어질 수도 있었다.

1948년 근대국가로 재출범하면서 도입된 우리나라 선거권은 모든 성인 남녀에게 한꺼번에 부여되었다. 그때는 만 21세 이상 남녀였다. 이후 20세로 조정되어 오랫동안 유지되었다. 2005년 19세 이상으로 선거법이 조정되었고 2020년 21대 총선을 앞두고 선거권 연령이 18세 이상으로 하향 조정되었다. 어쨌든 시민권의 역사가 짧은 편이지만, 유럽처럼 계급 차별적으로 오랜 시간 걸린 것이 아니라, 일거에 주어졌다. 주어졌다는 표현이 말 그대로 적합한 용어 같다. 선거권을 달라고 투쟁했던 유럽과 달리 해방 이후 민주공화국으로 출범하면서 제도적으로 모두에게 주어진 것이기 때문이다. 근대 대의제를 먼저 도입했던 유럽에서는 선거권 투쟁, 즉 차티스트운동이 1, 2, 3차 몇 단계를 거치면서 전개되었다.

이와 같은 발생론적 차이는 정당의 전략에도 반영되었다. 계급 차별적으로 대표-지지 관계를 확대해 온 유럽의 정당들은 그 지지 세력을 겨냥한 정당 목표를 설정해 왔다. 정당은 잠재적 지지 집단의 이익을 대변하면서 또 지지를 이끌어내는 조직이다. 이익단체와의 차이는 직접 권력투쟁에 참여하느냐, 더 나아가 제도적으로 인정되는 정치 조직이냐의 차이라고 볼 수 있다. 우리의 정당은 집단 이익보다는 공익을 표방하는 경향이 있었다. 처음부터 모든 국민이 유권자였기 때문에 어느 집단의 이익만을 겨냥한 정당 이념은 국가라는 공공 명분과 어울리지 않았다. 유럽의 정당들도 점차 특정 집단만이 아니라 공공 이익을 표방하는 경향으로 변화해 갔다.

앞서 19세기 후반 영국 보수당의 디즈레일리에 대해 이야기했다. 아직은 선거권이 모든 시민으로 확대되지 않아 2·3차 차티스트운동이 전개되던 시기인데, 이미 이때부터 영국 보수당도 전 국민을 지지 기반으로 삼는 국민 정당으로 나아갔다. 정당정치 이론에서는 이런 정당 경향을 포괄정당(catch-all-party), 모든 집단으로부터 지지를 얻으려는 정당, 그래서 모든 상품이 다 있는 백화점식 정당, 만물상 정당으로 부른다. 이렇다 보니 나중에는 상당 기간 동안 보수당과 노동당의 차이가 별로 없는 '합의의 시대'를 맞기도 했다.

우리의 정당들은 소수 진보정당을 제외하고는 애초부터 국민 정당, 만물상 정당으로 출범했다. 여야 간의 갈등을 겪으면서 강조하는 명분도 달라졌다. 상당 기간 야당은 민주화, 여당은 안보와 성장이 핵심 명분이었다. 물론 민주화 이후 몇 번의 정권교체를 거치면서 여야의 위상은 바뀌었다. 정권교체 이전에도 기존의 여야 관계에 지역주의적 자원이 동원되면서 성격이 조금씩 변화했다. 물론 지역주의적 요소는 1960년대 박정희 정권 시대부터 있었다. 그러다가 1980년대를 겪으면서 민주화 이후에 지역균열이 뚜렷하게 드러난 것이다. 노무현 정부 시기부터는 점차 보수-진보의 이념 지형이 정당을 구분하는 정체성으로 부각된다. 최근에는 보수-진보의 이념 구도를 넘어서자는 주장이 나오는 가운데, 여전히 그 이념 진영의 유산이 이익 결사체로 전환된 정치적 세력 대결의 축이 되고 있다.

과연 정당이란 무엇인가?

일부에서는 정당을 이념을 같이하는 사람들이 모인 정치 조직이라고 하고, 또 그 이념 또한 보수-진보의 이념 틀인 것처럼 말한다. 이런 것이 분명하지 않으면 정당이 아니라는 사람도 있다. 그러나 적절한 설명은 아니다. 정치 조직은 권력투쟁 과정에서 유리하기 때문에 자연스럽게 생긴다. 하나로 모인 동기는 다양할 수 있다. 종교일 수도 있고, 좌우 이념일 수도 있고, 문화적 정체성일 수도 있고, 어느 쪽에 대항해서일 수도 있다. 자발적으로 만들어지는 결사체이든 동원된 결사체이든 정체성의 어떤 기준이 따로 정해져 있는 것이 아니라는 말이다. 다만 그 나라의 관련 법에서 정당으로 인정해 주는 기준에 합당해야 한다.

법으로 인정해 주지 않으면 대의민주주의의 제도적인 활동 주체로 인정받지 못하기 때문이다. 그런데 어떤 특별한 정체성에 바탕을 두어야 한다는 기준은 어느 나라에도 없다. 반국가적인 조직은 당연히 허용되지 않을 것이다. 굳이 정당이 아니더라도 마찬가지다. 우리나라에서도 헌법 정신과 민주적 기본 질서에 반하지 않으면 된다. 다만 우리는 어떤 정당이 대한민국의 발전을 위해 바람직한지 그 정도를 평가할 수 있을 것이다. 국가권력을 쟁취하려는 정치 조직이기 때문에 당연히 국가 비전에 대한 견해가 있게 마련이며, 이것을 이념이라고 부를 수는 있다.

앞에서도 여러 번 소개했던 영국의 보수주의 이론가 버크의 정당 개념을 인용할 때, 사람들은 정당이 흔히 이념 조직이어야 하는 것처럼 말한다. 그는 정당을 "어떠한 특정한 이념(주의)에 동의하는 사람들이 공동의 노력을 통해 국가의 이익을 증진시킬 목적으로 그 주의에 따라서 결합되어 있는 조직체"라고 했다. 여기에서 이념이나 주의를 두고 좌우, 보수-진보, 이런 기준만을 이념으로 생각할 필요는 없다. 그냥 뜻을 같이하는 사람들 정도로 생각하면 된다. 그 뜻의 배경은 다양할 수 있다. 이 정당이 나의 이익과 국가의 공적 이익에 얼마나 기여할 수 있느냐를 평가하면 된다. 전문 논평자의 시각으로는 국가권력을 담당하겠다는 정당이므로, 얼마나 바람직한 국가 비전을 가지고 있는지가 중요한 평가 기준이 될 것이다.

무엇보다 정당의 단점은 최소화하고 장점을 살리는 방향이 되어야 한다. 대의정치에서 정당의 역할은 정치참여를 활성화하고 책임정치의 구심점이 되어야 한다는 점이다. 그러나 모든 것에 장단점이 있듯이, 이런 참여 과정에서 정당이 오히려 정치참여 창구를 독점하며 왜곡시킬 수도 있다. 장점을 살리고, 단점이 최소화되도록 유도하고 통제하는 것이 법과 제도의 역할이다. 이런 점에서 현재 거대 정당의 독과점 체제를 온존하도록 보장하기까지 하는 우리의 현행 선거법, 정당법 등은 개혁되어야 한다.

18

한국 정당의 재편과 변화

대통령에 종속된 한국 여당

역대 우리의 주요 정당들이 가장 많이 내세운 것은 무엇일까? 역대 여당은 무엇을 내세웠다기보다는 대통령을 호위하는 조직이었다. 상당 기간, 정당이 대통령을 만들었다기보다, 역으로 대통령 또는 최고 권력자가 이미 권력을 확보한 후에 권력 유지를 위한 조직으로 여당을 만들었다. 1951년에 만들어진 이승만의 자유당이 그랬고, 1962년 말 창당한 민주공화당이 그랬다. 이승만은 1948년에 이미 대통령이 되었으며, 박정희도 1961년 5·16으로 실권을 잡은 이후 여당을 만들었다. 5공화국의 여당인 민정당(민주정의당)도 전두환이 실권을 장악한 이후에 창당한 것이다.

여당으로서 자유당은 이승만의 행보를 지지하고 홍보하는 역할을 했으니, 당의 기조나 정책은 그냥 이승만 정권의 성향으로 보면 된다. 물론 자유당은 창당 당시에 노동자·농민의 당이라는 의미에서 가칭 '노농당'으로 부르기도 했다. 당시에는 그런 계급·계층적 정책이 쟁점이 아니었으므로, 그것이 실질적으로 의미가 있는 정체성은 아니었다. 노동자·농민에 대한 강조는 식자층이 중심이 된 민국당(이후 민주당) 등의 야당에 대비되는 기치였다. 그런데 실제로 권력 주변에 누가 모였겠는가? 집권 여당 주변에는 당연히 기득권층이 모여들었을 것이다. 그러다 보니 자연스럽게 기득권층이 집권 여당의 지지 기반이 된다. 이 기득권층 자체는 수적으로는 소수다. 이들만으로는 소수이지만, 그 대신 다수의 농민들이 여당을 지지했다.

앞서 말한 대로 노동자·농민의 당을 표방했기 때문이 아니라, 이승만 대통령에 대한 권위주의적 추종이 강했던 것으로 정치문화 분석가들은 해석한다. 대통령을 과거의 임금처럼 생각하는 '권위주의적 정치문화', 이런 정치문화가 우리 농촌사회를 지배하고 있었기 때문이라고 설명했다. 농민들이 자신을 주권을 가진 시민이라기보다는, 전통 시대의 백성에 가깝게 인식하는 경향이 존재했다는 것이다. 그래서 당시의 투표 성향을 보면 여촌야도(與村野都), 여당은 농촌에서 지지를 많이 받고, 야당은 도시에서 지지를 많이 받는 경향이 나타난다. 1971년 대선에서 지역균열이 나타나기 이전까지는, 그런 경향이 우리 선거의 정치균열을 지배했다.

여야 대결의 특성

여당은 이념 차원에서 보자면 분단 체제 속에서 강한 반공 노선을 표방했다. 권력을 주도한 여당은, 때로는 조작을 통한 '반공법'이나 '국가보안법'으로 상대 경쟁 세력을 처벌하기도 했다. 앞에서 살펴봤다시피 조봉암처럼 사형을 당한 경우도 있었다. 그런데 이승만의 반공 노선이 일부 진보 세력들과 대치 선을 형성하기도 했지만, 이에 맞대응한 제1야당인 민주당의 핵심 의제는 이념 노선이라기보다 이승만의 독재였다. 야당은 민주주의, 민주화를 강조했다.

여야 사이의 정권교체가 오랫동안 이뤄지지 않으면서, 야당은 민주주의, 민주화를 우선 가치로 내거는 세력으로 정체성이 형성된다. 여당은 민주화 요구에 대해 안보나 경제성장 등을 내세우면서 정국을 이끌어갔다. 당시의 정치 대결 구도를 두고 흔히 '민주 대 반민주'의 정치 구도라고 하는데, 이는 민주화 진영 측에서는 그렇지만, 당시 집권 세력들이 스스로를 반민주로 규정한 것은 아니다. 경제성장이나 안보 이런 것을 강조했다. 객관적으로 규정하자면 '성장 대 민주' 또는 '안보 대 민주', 이런 정도로 규정할 수 있겠다.

지역균열의 정당정치 구조

이와 같은 정치적 대립 과정에서 각 세력의 지지 기반이 지역으로 구분되어 나타나는 지역균열 현상이 1971년 선거에서 두드러졌다. 박정희 정권의 등장과 더불어 1963·1967년 선거에서도 있었지만, 1971년 선거에서 박정희, 김대중이 대결하며 주목을 받았다. 이때 나타났던 지역균열 구도는 1980년대 후반 민주화와 더불어 정당정치가 활성화되면서 다시 부각된다. 이후 많은 변화가 있었지만 지역균열의 유산은 알다시피 아직까지 남아 있다.

정치적 균열이 지역을 단위로 나타나는 것은 보편적인 현상이다. 미국에도 주별로 공화당 주가 있고 민주당 주가 있다. 공화당 우세 주를 레드 스테이트(red state), 민주당 우세 주를 블루 스테이트(blue state)라고 부른다. 또 선거 상황에 따라 주도권이 오갈 수 있는 주를 스윙 스테이트(swing state)라고 부른다. 주의 지지 성향이 불변하지는 않는다. 정치적 환경에 따라 바뀔 수 있다. 우리의 경우도 1960년대 초까지는 농촌과 도시으로 구분되었다가, 박정희 정권 이래로 영남·호남 이런 지역 단위가 균열과 대립의 축이 되었다.

보수-진보론을 넘어서 •

최근에는 정치 세력을 구분하는 기준으로 보수-진보를 흔히 쓴다. 그 이전에는 여·야 개념으로 구분해 불렀다. 예전에도 보수-진보가 쓰이기도 했지만, 상당 기간 진보 세력은 현재의 민주당 계열이 아니라 민주노동당 계열의 소수 진보 세력을 가리켰다. 탄핵 정국을 거치고 문재인 정부가 들어서면서, 오늘의 여야 세력을 보수-진보로 등치해 구분하는 것이 일반화되었다.

보수 진영은 민주화 이전 우리 사회를 주도해 온 산업화 시대 집권 세력을 바탕으로 내세운다. 그들은 성장과 안보를 강조해 왔다. 정치적으로는 '국민의힘'이 보수를 자임하고 또 그렇게 불리고 있다. 산업화 시대의 집권 세력은 국가 주도의 산업화를 이끌었지만, 최근 보수 세력은 오히려 시장자유주의를 강조한다.

산업화 세력이 애초에 보수 세력을 자임한 것은 아니다. 한때 오늘의 민주당 계열까지 포괄해 좌파적 진보 세력이 이들을 모두 보수 세

•   "기계적인 보수-진보론을 넘어서", ≪시사저널≫, 1595호(2020.5.13)를 수정·보완했다.

력이라고 분류하기는 했다. 1980년대 중반 급진 세력이 성장하면서, 이에 대응하는 개념으로 우리 정치에 보수라는 개념이 등장했다. 급진 세력을 성토하며 "보수는 죽었는가?" 이런 담론도 등장했다. 그러나 우리나라에서 일반적인 정치 세력 구분의 기준은 보수-진보가 아니라 여당과 야당, 민주화 세력과 독재 세력, 급진 세력과 안정 세력 이런 정도의 분류였다. 민주화 세력의 중요한 한 축이었던 김영삼 세력은 1990년 3당합당을 통해 오히려 오늘의 보수 세력으로 불리는 국민의힘 계열인 민자당에 합류했다.

민주화와 더불어 1990년 3당합당 이후부터 우리 정치 세력을 크게 보수-진보로 구분하는 경향이 생기기 시작했다. 김대중 정부가 집권하면서 여야가 처음으로 뒤바뀐다. 기득권 세력과 민주화 저항 세력을 지칭했던 전통적 여야 개념도 점차 무용해진다. 이제 구 집권 세력이자 기득권 세력이 보수로 불리고, 그들 스스로도 보수 세력임을 자임한다. 반면에 민주화 세력의 정체성을 이어온 이들은 여전히 민주 진영, 때로는 개혁 진영이라고 스스로를 규정했다.

문재인 정부 들어 본격적으로 우리 정치의 양대 세력이 보수-진보로 구분된다. 여야 대결의 권력투쟁으로 시작했던 정치 세력이 마치 보수-진보의 이념 세력인 것처럼 자리매김한 것이다. 물론 이념과 정책에서 차이가 없진 않다. 그러나 정치적 세력 대결이 노선과 정책을 획일적으로 양극화했다. 대북 정책에서는 강경과 포용으로 구분되고, 대내 정책에서는 시장경제론과 복지국가론으로 대비되기도 했다.

이렇게 정치 세력 대결을 거치면서 양극화된 보수-진보론이 마치 그 자체가 목적 이념인 양 되었다. 가치의 실현 방식은 시대적인 조건에 따라 달라진다. 중앙집중화가 기득권에 맞서는 진보였다가 근래에는 분권화가 오히려 진보적 가치가 되어 있다. 국가권력으로부터의 자유화가 초기의 진보였고, 20세기 후반부터는 국가 개입을 통한 복지국가화가 진보 전략이기도 했다. 코로나19 팬데믹 상황에서 경험했듯이 보수-진보를 떠나 점차 재정 확장으로 나아가는 국가 운영 추세는 불가피해 보인다. 복지국가론 자체가 아니라 복지국가 전략에 대한 찬반이 있을 수 있다. 시대적인 변화에 따라 민주화와 경제 전략이 어떤 형태로 재정립될지 모른다.

보수-진보를 대표한다는 국민의힘과 민주당의 선거 경쟁 결과를 좌우했던 변수는 정책적 선택보다 두 세력에 대한 국민의 신뢰 정도였다. 보수는 대북 강경책이나 시장자유주의 때문에 탄핵을 당해 선거에 패한 것이 아니었다. 권력의 오남용이 문제였다. 탄핵으로 집권했던 이른바 진보 진영의 패배도 도덕적 우위를 보여주지 못한 채 기계적 이념 정책을 고수하려다가 실패한 결과였다. 배제와 오만의 정치에 대한 심판이기도 했다.

한국 사회 보수-진보 진영의 한계는 노선과 정책 이전에 국민의 대의체로서, 권력자로서 기본적인 자질과 도덕성의 문제다. 예컨대 공정성과 도덕성은 보수, 진보 상관없이 가져야 할 기본적인 정치 덕목이다. 정치인으로서 지켜야 할 책임윤리는 노선 문제가 아니다. 기계적인 이념 대비가 아니라 공정성, 도덕성, 자기 헌신, 공동체 정신 같은 공동의 가치를 놓고 누가 더 국민의 대의체로서 적합할지 경쟁해야 한다. 정치 세력을 분석하는 정치학자나 논평자들도 그런 점에 주목했으면 한다. 그래야 몰역사적인 보수와 진보의 양극화가 아니라, 공동체의 윤리를 보완하는 상호 경쟁이 될 수 있다.

양대 정당의 독과점 체제

국민들은 공동체를 위한 생산적 경쟁이 되지 못하는 정치, 그 무대이자 주체인 국회와 정당을 비판한다. 그러나 별로 바뀌지 않는다. 무엇보다 심판과 선택의 기회인 다음 선거 또한 이 정당끼리의 경쟁이 되기 때문이다. 비판과 불만에도 불구하고 이 정당들의 기득권이 보존되는 독과점 체제이기 때문이다. 큰 정당의 역사와 관성이 작용하면서 유권자들이 그렇게 선택하기도 하지만, 제도적으로 독과점 체제를 보호하고 있다.

많은 전문가들이 양당의 기득권 문제를 지적하면서 다당제를 대안으로 지적한다. 우리의 정당 체제는 양당에 대한 불만으로 제3당이 등장하기도 하지만, 선거를 앞두고 양당에 흡수되는 '불만의 양당제와 불안한 다당제'를 오갔다. 늘 혁신된 새로운 정당에 대한 기대가 있지만, 거대 양당 프리미엄과 기득권에 흡수된다. 승자독식의 대통령제와 거대 정당에 유리한 선거제도 때문이다.

승자독식의 대통령제는 1등만이 통치 권력을 독점한다. 제3, 제4 세력의 정치적 입지가 마련될 여지가 거의 없다. 역대 대통령 스스로도 결선투표제나 연합정치가 가능한 내각제로의 전환을 제안했다. 개헌이 동반되는 문제로서, 알다시피 늘 문제 제기에 그쳤다. 정당 세력은 국회의원선거를 통해 이뤄지는데, 국회의원선거 제도가 큰 정당의 독과점을 보호·유지해 주고 있다.

소선거구제의 사표 문제를 해결하고 소수 정당의 대표성이 사장되지 않도록 하는 선거제도를 개혁하기 위한 대안이 꾸준히 논의되었다. 견해 차이는 있었지만 중대선거구제, 비례대표제 확대, 연동형비

례대표제 도입 등이 제안되었다. 그리고 이른바 준연동형비례대표제
가 지난 21대 총선에서 도입되었다. 그러나 개혁적 취지를 살리지 못
했다. 많은 사람들이 위성정당 도입을 그 원인으로 지적했지만, 정당
에 의석을 연동시키는 독일 방식을 맥락 없이 빌려온 것에서 실패가
예정되고 있었다. 뒤에서 이에 대해 좀 더 논의할 것이다.

정당정치의 민주화는 정당 조직의 민주적 운영과 함께 정당 체제의
민주화를 이루어야 한다. 정당 체제의 민주화는 정당들이 공정하고
자유롭게 경쟁하면서, 국민 기대에 호응하는 정당이 성장하도록 하는
것이다. 이 점에서 한국 정당정치의 핵심 개혁 과제는 양대 정당 독과
점 체제의 개혁이다. 앞서 거론한 선거구제와 교섭단체 제도 등도 관
련되지만, 가장 우선적인 개혁 과제는 '공직선거법' 150조에 규정된
큰 정당 우선의 기호순번제다. 큰 정당부터 순위를 정해 1, 2, 3……
기호를 주고 정당명을 앞에 세우는 것은 소수 정당과 무소속 등에는
엄청나게 불공정한 제도다. 평등권 차원의 문제일 뿐 아니라 정당정
치의 민주화를 위해 핵심적인 개혁 과제다. 제도 개혁 과제는 뒤에 다
시 논의할 것이다.

19

정치 기득권과 안철수 현상

한국 정치의 소용돌이 만든 오세훈의 모험

2011년 10·26 서울시장 보궐선거는 오세훈 전임 시장이 그만두면서 치러진다. 오세훈 시장은 서울시 교육청의 무상급식 지원을 주민투표에 붙였다. 당시 곽노현 교육감이 주도하는 초중등학교 무상급식에 대해 이를 지원하는 조례가 서울시 의회에서 통과된다. 오세훈 시장은 예산의 우선순위나 보편적 무상급식 정책에 문제가 있다면서 주민의 의견을 묻겠다며 주민투표에 부쳤다. 오세훈 시장이 주도하는 것이었지만, 형식상으로는 오 시장 소속의 당시 한나라당 쪽 서울 시민들이 청구한 주민투표였다.

오세훈 시장은 서울시 무상급식뿐만 아니라 무상급식으로 대표되는 민주당의 보편적 복지 노선 자체가 무책임한 포퓰리스트 정책이라며, 이른바 복지 포퓰리즘에 제동을 걸려는 의도였다고 스스로 밝혔다. 이를 바탕으로 차기 대권 경쟁에 도전하기 위한 포석이기도 했다. 그러면서 주민투표 결과가 자신이 원하는 방향인 무상급식 반대로 나오지 않을 경우, 서울시장직을 사퇴하겠다고 발표했다. 서울시장직을 건 것이다. 사실, 서울 시민이 청구한 주민투표이기 때문에 시장은 중립적으로 관리해야 할 의무가 있다. 그런데 투표 참여와 반대를 호소하며 시장직을 건 것이다. '주민투표법' 위반 소지가 있었지만, 별 문제가 되지 않았다.

8월 24일에 주민투표가 실시되었는데, 성립 요건인 투표권자의 3분의 1에 투표율이 미치지 못했다. 25.7%였다. 찬반 결과를 떠나 주민투표 성립 요건 자체가 되지 못했다. 민주당 쪽에서는 주민투표를 무산시킬 전략으로 투표불참운동을 전개했다. 오세훈 시장과 한나라당 쪽에서는 불참운동이 주민투표 방해운동이라고 반박하면서, 시장직을 거는 강수로 맞선 것이다. 결국 주민투표를 통한 반대에 성공하지 못하고, 오세훈 시장은 시장직에서 물러난다. 서울시 무상급식 반대 주민투표 시도는 오세훈 시장의 사퇴 차원을 넘어 근래 한국정치사에서 여러 정치적 전환의 중요한 분수령이었다.

시장을 다시 뽑는 보궐선거를 통해 박원순 시장이 등장한다. 박원순 시장 등장 이전에 안철수 당시 서울대학교 융합과학대원장이 먼저 정치 뉴스 전면에 등장했다. 여론조사에서 지지도 50%를 넘기도 하며 서울시장 후보로 거론되었다. 며칠 만에 박원순 전 참여연대 사무처장에게 후보를 양보했지만, 이른바 '안철수 현상'은 계속된다. 그리고 무상급식 주민투표에 실패한 한나라당은 지도부가 교체되고, 박근혜 비상대책위원회 체제가 된다. 홍준표 대표가 몇 개월 만에 사퇴한 것이다. 이때 당명도 한나라당에서 새누리당으로 바뀐다. 박근혜의 새누리당이 시작된 것이다. 그 새누리당 체제는 2017년 탄핵 정국으로 몰락할 때까지 지속되었다. 오세훈 시장의 무상급식 반대 주민투표 승부는 박원순, 안철수의 등장, 박근혜의 정치 진로에 전환기가 된 대사건이다.

1979년 10월 26일은 박정희 대통령이 중앙정보부장의 총을 맞아 사망한 날로, 박정희 1인 체제의 유신체제가 막을 내린 날이다. 그런데 희한하게 그로부터 꼭 33년 뒤인 2011년 10월 26일 재보선을 계기로 박정희의 딸 박근혜의 대권 행보가 본격화되었다.

'안철수 현상'의 등장

2011년 10·26 서울시장 보궐선거를 통해 시민운동가였던 박원순이 정치인이 되었다. 2014년 지방선거, 2018년 지방선거에 당선되어 서울시장 3연임에 성공했다. 시민운동가일 때도 잠재적인 정치인으로 오르내렸던 박원순 시장은 2017년 5월 대선 출마를 모색하다가 대선을 다음 기회로 미룬 채, 서울시장에 도전해 세 번째 당선된 것이었다. 불행하게도 박 시장은 재임 중인 2020년 10월 성추행 논란 속에서 자살로 생을 마감했다. 이후 치러진 서울시장 보궐선거에서 오세훈 시장이 다시 등장한다. 오세훈의 퇴장과 재등장, 박원순의 등장과 퇴장을 거쳐 10년 만에 시장직을 주고받는 역사가 일어난다. 어쨌든 박원순이 정치권으로 진입한 2011년 보궐선거 당시에는 박 시장의 성공에 안철수의 역할이 결정적이었다.

오세훈 시장의 사퇴로 서울시장 보궐선거 무대가 열리자 안철수가 유력 후보로 등장했다. 당시 서울대학교 융합과학대원장이던 그는 컴퓨터 바이러스 백신인 V3을 개발해 사업으로 성공하고, '청춘콘서트'를 통해 청년들과 만남을 이어가면서 대중적 리더로 부상했다. 각종 조사에서 20대가 가장 닮고 싶어 하는 인물 1위, 30·40대 직장인이 최고경영자(CEO)로 모시고 싶어 하는 인사 1위 등으로 인기를 끌었다.

당시 여야 모두에서 서울시장 후보로 거론되었다. 각종 조사에서 후보 적합도 1위를 달렸지만, 안철수는 정치가 체질에 맞지 않는다며 시장에 출마하는 일은 없을 것이라고 말했다. 본인이 사양할수록 그의 주가는 더 올라갔다.

정치 체질이 아니라면서도 그는 "정치 현실을 보면 화가 난다", "점점 참을 수가 없을 정도"라며 정치적 발언을 이어간다. 그러다가 2011년 9월 초에 출마를 시사하는 발언을 했고, 언론에서는 결정만 남았다고 보도했다. 당시 안철수 교수와 호의적인 관계에 있던 박원순은 참여연대 사무처장으로 유명했는데, 이때는 아름다운가게 상임이사직을 맡고 있었다. 9월 6일 안철수 교수가 박원순 이사에게 후보를 양보해 단일화하는 방식으로 이 일은 마무리되었다. "정치가 체질에 안 맞다", "시장을 하게 되면 할 일이 많다" 그러다가 양보하는 방식, 불분명하고도 알 수 없는 방식이 정치권 등장 초기부터 안철수가 보여준 특유한 행보였다.

양보에 대해 안철수 멘토 중 한 사람으로 알려진 윤여준 전 장관은 사실 집안 내부의 반대 등으로 이미 출마 의사를 접은 상태에서 양보하는 것처럼 포장하는 이벤트였다고 하기도 했다. 이는 수년 뒤에 한 이야기인데, 보궐선거 논란 당시에 윤여준 장관 등이 멘토로 보도되자 안철수는 "그런 분들이 멘토라면 멘토가 수백 명"이라고 부인하기도 했다. 멘토든 아니든 당시 안철수는 김종인 전 의원, 최상룡 교수, 윤여준 전 장관 등과 만나 이야기를 나누고 조언을 들은 것은 사실인 듯하다. 김종인 전 의원은 서울시장 출마와 관련해 당시 모임에서 나가지 않는 것으로 결론을 내렸는데, 그 조언과 달리 안철수 개인이 출마하는 것으로 발표했다고 했다. 김종인 전 위원이 방송에서 나에게 직접 했던 이야기인데, "상의 따로, 결론 따로" 내리는 조금은 이상한 행보였다는 취지의 말이었다.

2012년의 안철수, 2022년의 안철수

어쨌든 서울시장 후보를 양보한 이후 그에 대한 정치적 관심은 더 커졌다. 그에 대한 기대도 이제 서울시장이 아니라 차기 대통령 후보에 이르렀다. 이른바 '안철수 현상'이 정치권을 압도했다. 기존 정치에 대한 염증이 안철수 개인에 대한 선망 어린 기대와 결합해 나타난 현상이라 할 수 있겠다. 이른바 안철수의 '새정치'였다. 그러나 안철수는 새 정치의 구체적 내용이나 전략을 보여주지 못했다. 그 당시 제3자인 전북대학교 강준만 교수가 '증오의 정치'를 넘어서는 새로운 정치를 안철수의 새 정치로 정리해 방향을 잡아주기도 했다. 적절하고 필요한 새 정치의 방향이었다. 강준만 교수는 김대중에 대한 부정적 편견 구조를 비판한『김대중 죽이기』를 썼고, 또『노무현과 국민사기극』도 썼다. 우연인지, 책의 영향이 도움이 되었는지, 두 사람 모두 대통령선거에서 어려움을 넘어 당선되었다. 그 강준만 교수가 '2012 시대정신은 증오의 종언이다'라는 부제로 안철수를 지지하는『안철수의 힘』을 내놨다. 그러나 막상 안철수 본인은 새 정치에 부합하는 제도나 리더십을 구체화하지 못했다.

나 또한 민주화 이후의 정치 과제로 '부정의 정치'에서 '긍정의 정치'로의 진전을 주장한 바 있다. 상대에 대한 부정이나 비판이 아니라, 긍정적인 비전을 추구하는 정치를 강조한 것이다. 증오의 정치를 넘어서는 정치와도 유사하다 하겠다. 그런데 안철수나 안철수 쪽에서 증오의 정치를 넘어서기 위한 과제나 전략을 내놓지 못했다. 예컨대 제도적으로는 증오의 정치를 만드는 승자독식 체제 등에 대해 문제의식이 없었다. "새 정치, 새 정치" 하면서 그 구체적인 내용이나 비전을 보여주지 못하다 보니, 박근혜 정부 초기에 세간의 농담으로 "'박근혜의 창조경제', '김정은의 생각'과 더불어 '안철수의 새정치'가 한국 '3대 미스터리' 중 하나"라고 비아냥대는 사람들도 있었다.

어쨌든 2011년 말부터 2012년 18대 대선 국면에서 이른바 '안철수 현상'은 대단했다. 안철수는 2012년 7월 19일 『안철수의 생각』이라는 책을 내고 대권 행보를 구체화하다가 9월 19일 공식 출마 선언을 한다. 안철수의 등장 이전에 18대 대선 경쟁 가도는 알다시피 박근혜 의원이 독주하고 있었다. 안철수의 등장으로 상황이 바뀐다. 박근혜, 안철수 양자 가상 대결 여론조사에서 안철수가 이기는 결과도 여럿 나왔다. 그러나 민주당의 유력 주자 문재인과 3자 대결 구도에서는 박근혜가 1위였다. 그래서 안철수, 문재인 두 잠재 후보 간의 단일화가 관심사였다. 문재인은 안철수와 단일화를 하지 않으면 사실상 당선이 어려운 상황이었다. 안철수는 예전에도 그랬듯 역시 모호한 행보를 보인다. 후보 단일화 여부뿐 아니라 정당 창당과 무소속 출마 문제에서도 모호한 태도를 취했다. 단일화 프레임을 꺼내는 것이 안철수에게는 도움 되지 않는 전략적 측면도 있었다. 단일화 세력 간의 지지도가 섞이면서 지지도 높은 쪽의 기세에는 도움이 되지 않을 가능성이 높기 때문이다.

안철수는 단일화 의지를 확실히 표명하지 않았지만, 단일화 가능성을 보이면서 지지도가 상대적으로 떨어진다. 혹자는 처음부터 확실하게 무조건 출마를 선언했다면 경쟁력이 강화될 수 있었다고 진단하기도 했다. 후보 단일화 가능성 속에서 안철수 지지도는 내려가고 문재인 지지도는 올라가는 평준화 현상이 나타났다. 문재인 후보 입장에서는 안철수를 매개로 한 중도 확장 효과를 본 것이다.

결국 안철수는 후보 등록을 며칠 앞두고 문재인 후보와 단일화를 추진한다. 단일화 협상 갈등 속에 안철수 후보가 불출마 선언을 하면서 문재인 후보로 단일화되었다. 후보 단일화였지만, 협상 과정에 불만을 표출한 가운데 양보하는 모호한 모양새를 보였다. 후보 단일화 추진 과정에서의 갈등은 이후에도 문재인과의 꺼림칙한 관계로 이어졌다. 안철수는 나중에 보궐선거를 통해 원내에 진출하고, 통합야당의 공동대표가 되어 국민의당을 제3당으로 진출시키는 역할을 하지만, 2011~2012년이 안철수 현상의 절정기였다.

안철수는 2017년 대선에서 제3당 국민의당 후보로 나와 21.4%의 득표로, 41.08%의 문재인, 24.03%의 홍준표에 이어 3위를 차지했다. 대선 한 달여를 앞두고 잠깐 선두권에 나서는 등 여론 지지를 받기도 했으나, 방송 토론을 거치면서 선두권에서 밀리기 시작했다. 토론 과정에서 후보로서의 장점을 부각하지 못했고, '갑철수' 질문 등 특이한 토론 방식이 오히려 후보에 대한 실망을 초래했다는 해석이 많았다. 안철수 후보 진영에서는 인터넷 댓글 조작으로 실형을 받은 '드루킹'의 불법행위가 여론과 지지 하락에 큰 영향을 미쳤다고 주장하기도 했다.

안철수는 2022년 20대 대선에서도 국민의당 대선 후보로 나왔다가 제1야당 국민의힘 후보 윤석열을 지지하며 사퇴한다. 윤석열이 당선되면서 인수위 위원장을 맡았으나, 상호 적극적인 유대감이 있어 보이지는 않았다. 안철수는 2022년 지방선거 당시 분당을 지역구 보궐선거에 국민의힘 후보로 나와 당선되었다. 3선이 의원이 된 셈인데, 차기 국민의힘 당대표 도전을 공론화하고 있다.

안철수가 자주 표방했던 제3당 또는 제3세력으로서 새로운 정치는 성공하지 못했다. 그나마 2016년 20대 총선을 앞두고 결성한 국민의당 돌풍은 주목할 만했다. 비례대표 정당 득표율 26.74%로 2위를 하면서 지역구 포함 38석을 차지했다. 문재인 정부의 여당 민주당이 단독으로 과반을 차지하지 못한 상황에서 제3당 국민의당은 캐스팅보터로서 중요한 역할을 했다. 그러나 국민의당이 안철수 대표의 주도로 바른미래당과 통합하며 오히려 캐스팅보터로서의 역할과 제3세력의 기반 모두 상실하게 되었다. 2022년 대선 국면에서 안철수 스스로도 지나고 보니 바른미래당과의 통합이 패착이었다고 말한 바 있다.

윤석열 대통령은 문재인 정부 주도 세력에 대한 반발 속에서 검찰총장 때의 지지를 발판으로 곧바로 대권에 도전해 당선되었다. 안철수 현상으로까지 불리며 정치권에 진입했지만, 우여곡절을 겪은 안철수의 정치 행보와 대조된다. 안철수도 2012년에 바로 대선에 도전했다면 당선되었을지도 모른다. 물론 대통령으로서 자질과 역량은 별개의 문제다. 검찰총장으로서의 지지를 바탕으로 대통령에 바로 진입한 윤석열 대통령의 초기 국정 운영 현실이 이를 말해주고 있다.

기성 정치에 대한 염증, 세계적 현상

기성 정당들의 한계에 대한 지적은 어느 나라에서나 나타난다. 대안 세력이 나타나기도 한다. 1979년대 말부터 등장한 독일의 녹색당도 기성 정당을 비판하면서 등장했다. 환경 이슈를 핵심으로 던지기도 했지만, 기성 정당이 안고 있는 반민주적 문제도 해결하겠다고 과두적 지도부를 없애기도 했다. 비례대표 임기도 순환제로 공유했는데, 이 새로운 방식은 오래 가지 못했다. 효율성과 경쟁력에서 한계를 보이자 결국 기존 정당 방식으로 타협한다. 이후 녹색당은 독일에서 4, 5, 6위 수준의 세력을 유지해 오면서 가끔 연정으로 집권에 참여하기도 했다. 기후위기 문제가 쟁점화된 2021년 총선에서는 14.8%의 역대 최고 득표로 제3당이 되어 사민당 주도의 연정에 자유민주당과 함께 참여했다. 사민당의 적색, 자유민주당의 황색, 녹색당의 녹색, 즉 적록황의 연합이라 해서 신호등연정이라 부르기도 한다.

근래 새로운 정치 세력으로는 프랑스의 마크롱 대통령을 들 수 있다. 원내 의석 하나 없는 정당을 만들어 대통령에 당선되었고, 당선 이후 그가 이끄는 정당 '앙마르슈(En Marche, 전진)'는 60%의 지지를 얻으며 제1당이 되었다(하원 577석 중 312석). 대통령선거 1차 투표에서 1위를 했던 마크롱이 결선투표에서 당선된 5월 8일은, 우리나라에서 조기 대선이 치러진 2017년 5월 9일 하루 전이었다. 당시 프랑스 대선을 앞두고 유력 후보들에 실망하면서, 심지어 퇴임한 미국 대통령 오바마를 프랑스 대통령으로 모셔오자는 이야기가 나올 정도였다. 이렇듯 기성 정치인에 대한 실망 속에서 마크롱이 대안 세력으로 지지를 받았다. 그런데 그에 대한 지지는 그리 오래 가지 못했다. 만 39세의 나이로 60~70%의 강렬한 지지를 받으며 출발한 마크롱은 집권 2개월여를 지나면서 30%대로 지지율이 추락했다. 약간 반등이 되기도 했지만, 잘할 경우라도 40% 정도였다. 노란조끼 시위로 알려진 유류세 저항이 있던 2018년 말과 2019년 초에는 25%를 밑돌았다. 이후 코로나

19 위기를 맞아 역설적으로 46%까지 상승하기도 했다. 2022년 대선 무렵에도 1위를 하기는 했으나 지지율은 저조한 상태였는데, 4월 결선투표에서 극우 성향으로 분류되는 국민연합의 르팬(Marine Le Pen) 후보를 누르고 재선에 성공한다.

2014년에 창당한 스페인의 급진좌파 정당 '포데모스(Podemos: 우린 할 수 있다)'는 창당하자마자 여론조사에서 지지율 1위를 달리기도 했다. 2015년 스페인 총선에서 21%의 지지를 받아 원내 3당이 된다. 스페인은 완전한 비례대표제로 제3의 세력이 등장하기 용이한 제도를 갖추고 있다. 프랑스는 1인 소선거구라 하더라도 결선투표가 있다는 점에서 우리나라보다는 소수 세력에 조금 더 기회가 있는 제도라 하겠다.

양대 정당, 개혁 동인이자 장벽

우리나라에서 기성정치에 대한 염증은 여전하다. 지난 20대 대선을 두고 마음에 들지 않는 주요 후보들이 경쟁하는 '비호감 대선'이라는 말이 나올 정도였다. 대선 이후에는 더 심각하다. 정권을 교체한 새 정권은 새로운 기대보다는 우려를 확인시켰고, 대선 패배로 야당이 된 세력은 실패했던 기조를 그대로 밀어붙였다. 기성 정치에 대한 실망이 선거 이후 더 커졌다. 그럼에도 경직된 승자독식 체제와 독과점 정당 체제에 대한 보호 구조는 정치 혁신 동력의 출현을 어렵게 한다.

양극단의 대결 정치에 대한 문제인식은 새로운 정치의 필요성을 증대시킨다. 그러나 또 그 양극단의 대결 정치가 새로운 세력의 성장을 어렵게 한다. 모순적 요구다. 역사적으로 이럴 때 해법은 어떻게 나타났을까? 어느 순간 기존의 질서를 넘어서는 폭발적인 힘이 등장하면서 새 질서가 만들어지는 경우들이 있다. 그 시기를 시대적인 전환기로 부른다. 또 다른 방식은 양극단의 정치를 만들고 있는 현행 승자독식의 정치제도를 바꾸는 것이다. 그런데 이 역시 기성 거대 세력은 소수 신진 세력의 개혁 요구를 태업으로 방치한다. 특히 그동안 강조해 온 기호순번제 문제, 즉 큰 정당 우선으로 기호를 주는 제도 같은 것이 대표적이다.

협치와 연정, 권력투쟁

불만의 양당제와 불안한 다당제

우리 정치에서 기성 양당에 대한 불만 속에 제3당이 종종 출현한다. 그러나 승자독식의 대통령제, 소선구제 등의 제도적 배경 속에서 선거를 앞두고 양당으로 재편된다. 제도가 양당제 경향으로 이끌고 있다. 우리의 정당 체제는 그동안 불만의 양당제와 불안한 다당제를 오갔다고 하겠다.

20석 이상의 원내교섭단체를 구성하는 원내정당이 4개인 경우도 종종 있었다. 1988년 13대 총선 결과 구성된 13대 국회는 민정당, 평화민주당, 통일민주당, 신민주공화당 4당 체제였다. 소선거제였지만, 다당 체제가 등장했던 배경으로 각 지역을 대표하는 유력 정치인이 있었기 때문이다. 이른바 지역 맹주가 있었다. 역대 집권 세력의 기반이자 노태우 대통령의 대구·경북의 민정당, 김영삼의 부산경남 통일민주당, 김대중의 호남 평화민주당, 김종필의 충청 신민주공화당이었다. 이 4당 체제는 여소야대의 한계를 벗어나려는 집권 세력과 승자독식의 대통령선거에 대응하는 김영삼의 전략으로 이뤄진 '3당합당'으로 해소되고 양당 체제가 된다.

이후 민정당의 일부와 신민주공화당 세력이 탈당하면서 자유민주연합(자민련)을 구성해 다시 3당 체제가 되었다. 이 자민련은 캐스팅 보트 역할을 수행하면서 김대중 정권과 연정을 이루기도 했지만, 세력 약화로 점차 소멸되었다.

그 이전 14대 총선에서 현대그룹의 정주영 회장의 통일국민당이 31석을 차지해 원내 제3당으로 진입했으나, 일회성으로 소멸되고 말았다.

2016년 20대 총선에서도 38석을 차지한 국민의당이 제3당으로 등장했다. 호남이 주요 기반인 민주당에 대한 반발이 반영된 결과였다. 또 탄핵을 전후해 새누리당 소속 일부가 '바른정당'을 구성해 4당 체제까지 된 적이 있다. 특히 국민의당은 여소야대 구조에서 한때 캐스팅 보트 역할을 비교적 잘 수행했으나, 자중지란과 이합집산을 거치며 양당 체제로 결국 회귀했다.

다당제일 때는 대개 여소야대였다. 그 여소야대에서 야당은 힘을 발휘했고, 소수 여당은 여소야대 구조를 탈피하려 했다. 앞에서도 지적한 바 있지만, 야당이 힘을 발휘한 여소야대의 13대 국회에서 '5공 청문회'와 '지방자치 실시'가 이루어졌고, 20대 전반기 여소야대에서는 박근혜 대통령 탄핵 소추가 이뤄졌다.

집권 세력의 여소야대 탈출 전략으로 노태우 정부에서는 '3당합당'이 있었고, 김대중 정부에서는 'DJP연합'이 이뤄졌다. 물론, 한때 야당 의원을 여당으로 빼내 여당의 수적 한계를 보완하려는 한 경우도 있었다.

대통령제와 협치

극단적인 여야 대립 구조는 역설적으로 '협치'를 화두로 던진다. 여소야대 구조에서는 야당의 협조 없이 집권 세력이 입법 정책을 펼치기 어렵다. 사실 내각제에서는 여소야대가 없다. 연합정부이든 단독정부이든 다수당이 되어야 정부를 구성할 수 있기 때문이다. 대통령제 또한 권력분립이라면 여소야대라는 말을 쓰는 것이 적절하지 않다. 물론 대통령제를 도입한 남미 국가에서도 대통령 소속 정당이 여당이 되는 대통령 주도의 정부 형태를 채택한다.

권력분립의 대통령제를 채택한 미국의 경우, 대체로 대통령이 소속된 정당을 여당이라고 부르지 않는다. 대통령 소속 정당이 의회에서 소수인 경우 대통령 소속 정당과 의회의 다수 정당이 권력을 나눠 점유하는 분점정부(divided government)라고 부른다. 그리고 의회에서는 다수당, 소수당으로 구분된다.

우리의 경우 권력분립이 아니라 남미처럼 대통령 중심의 정당 체제에 정당이 의회를 지배하는 구조다. 대통령을 배출한 정당, 즉 여당이 압도적인 다수를 차지하면 여당의 일방주의와 야당의 강한 반발이 국회를 지배한다. 반면에 야당이 다수면 국회의 견제 기능이 강화되지만, 집권 세력의 정책 수행은 어려워진다. 우리 정치사에서 봤듯이 그나마 야당이 강할 때 국회가 견제 기능을 잘 수행했다. 사실 우리의 여소야대에 해당되는 분점정부 사례가 미국에서는 보편적이다. 그런데 우리의 경우, 공천에 영향을 미치는 정당의 기율이 매우 강하다. 정당이 의회를 지배하고, 그 정당은 대통령 권력에 집중된다. 그러므로 여야당 체제가 지배하는 우리 국회에서는 견제와 협력관계가 적절히 조화를 이루지 못한다.

강한 정당 기율을 그대로 유지한다면, 책임성이 작동되는 내각제 형태로 가야 한다. 현재의 대통령제를 유지하려 한다면 정당의 독과점에 따른 특권을 완화할 필요가 있다. 앞서 지적한 기호순번제 폐지 같은 개혁이 필요하다. 현행 기호순번제는 제도 개혁 이전에 그 자체로 불공정한 제도다. 정당의 독점력이 줄어들면 과도한 기율에 따른 거대 정당의 비민주적 횡포도 개선될 것이다.

대통령제에서는 여당이 권력은 행사하지 않으면서 책임은 지고 있다. 권한과 책임이 같이 가야 한다. 통치 권력을 행사하면서 책임도 지는 내각제 유형으로 가든지, 대통령제를 유지하려면 권력분립과 정당의 자율성이 강화되는 혁신이 동반되어야 한다. 물론 5년 임기의 현행 대통령제는 국민에 대한 호응과 반응성이라는 차원에서 너무 경직되어 시대적인 상황에 맞지 않다. 과도하게 위임된 대의 권력이다. 대통령제 자체에 대한 개편이 필요하다.

우리 정치에서 협치의 개념은 초기에 시민사회가 정부 운영에 참여하며 공동으로 다스리는 통치질서(governance)를 뜻했다. 그러다가 집권 여당의 일방주의에 대비되는 개념으로 협치를 쓰게 되었던 것이다. 정치 세력들이 다른 세력과 협력해 공동으로 다스리는 체제는 연합정부, 즉 연정이다. 서로 공동의 권력을 가지거나 분점하기 때문에 자연스럽게 협치가 될 수밖에 없다. 그런데 우리처럼 여야가 승자독식으로 대립하는 상황에서 협치는 집권 세력의 포용력 정도에 달려 있을 뿐이다. 야당의 참여라는 것도 정부와 여당에 동조해 주는 것 외에는 견제 역할을 위한 활동이다. 연합정부와 달리 야당은 국정 운영의 주체가 아니기 때문이다. 현행 대통령제와 여야 구조에서 협치는 너무 싸우지 말고 상대를 배려하면서 협력해 다스리자는 일반적인 수준의 의미를 넘어서지 못한다.

현행 대통령제와 여·야·정 국정상설협의체

여·야·정 '국정상설협의체' 가동이 반복적으로 거론되어 왔다. 그러나 한 번도 가동된 적이 없다. 그럴 수밖에 없다. 여당과 야당이 존재하는 현행 대통령제에서 여·야·정 국정상설협의체는 적절하게 가동할 수 있는 기구나 체제가 아니다.

국정을 둘러싸고 여야가 함께 모여 협의하는 기구, 이것이 가동될 수 있다면 한국의 정부는 정파가 필요 없는 제왕적 대통령제가 되거나 대연정의 협의제 체제가 된다. 이승만 대통령이 바로 여야 정당이 필요 없는 체제를 주장했었다. 이승만은 애초에 정당이라는 것이 파당을 만들어 국민을 분열시키는 것이라며 정당정치를 부정적으로 봤다. 하나의 민족이니 대동단결하자는 의미로 일민주의(一民主義)를 내세웠다는 얘기를 한 적 있는데, 그것이 잘 가동되면 대통령은 모든 정파를 아우르는 선출된 제왕이 되는 것이다. 물론 이승만은 이런 입장을 계속 유지하지 못했다. 국회 내부에 반대 야당이 생기니까 자신도 불가피하게 정당을 만들 수밖에 없다면서 여당인 자유당을 창당했다.

협의제 모델의 정치 체제인 스위스의 경우는 1959년 이래 4개 주요 정당이 공동으로 내각을 구성하기 때문에 여야 정당 개념이 없다. 그런데 우리는 특정 정당 소속의 대통령이 전일적으로 지배하는 승자독식의 대통령제다. 여·야·정 국정상설협의체가 실제로 작동하려면 여야 구분이 없는 대연정 체제가 되든지, 현행 대통령제 자체를 근본적으로 바꿔야 한다. 결국 협치 문제는 '국정상설협의체' 같은 어떤 기구 이전에 국정 주도 세력의 협치 의지와 상호 신뢰 여부에 달린 문제다. 윤석열 정부 들어서도 다시 여·야·정 협의체가 거론되고 있는데, 연정이 아니라 여야를 구분하면서 협의체를 가동하자는 말은 공허한 구호일 수밖에 없다.

소연정, 대연정, 적록연정, 자메이카연정, 신호등연정

소연정은 집권 세력이 독자적으로 의사결정을 주도할 수 있는 다수당이 되지 못할 때, 다른 소수 정당들과 연합해 정부를 구성하는 연정을 말한다. 대통령제에서도 연정의 형태로 소수당이 내각에 참여할 수 있지만, 연정은 보통 의회를 기반으로 정부를 구성하는 내각제 체제에서 이뤄진다. 다당제가 일상화된 나라의 경우, 연정도 일상적일 수밖에 없다. 다당제가 태동하는 선거제도와 정당 체제에서는 단일 정당이 다수 세력을 만들지 못하는 경우가 오히려 보편적이기 때문이다. 그래서 선거가 끝나면 연정 구성을 위한 협상이 전개된다. 장기적으로 새 정부를 구성하기 어려우면 선거를 다시 치르기도 한다.

소연정이 작은 정당을 연정의 상대로 끌어들이는 것이라면, 대연정은 제1·2당이 연정을 구성하는 것을 말한다. 우리 식으로 말하자면 제1야당과 연합하는 것이다. 2005년에 노무현 대통령이 당시 제1야당인 한나라당의 박근혜 대표에게 대연정을 제안했다가 거절당한 바 있다. 당시의 대연정 제안에 대해서는 여권 진영에서도 비판이 많았다.

기민당의 메르켈(Angela Merkel) 4기 정부(2007~2021) 역시 사민당과의 대연정 체제였다. 기민-기사연합과 사민당과의 대연정은 과거에도 여러 번 있었다.

메르켈은 2017년 총선 후 구성한 4기 정부의 연정으로 이른바 '자메이카연정'을 시도했으나 불발되었다. 자메이카연정, 자메이카 국기처럼 3색을 이루는 세 세력의 연합을 말한다. 검은색은 보수주의 정당인 메르켈의 기민당, 노란색은 자유주의 정당인 자유민주당, 녹색은 녹색정치의 동맹90/녹색당이라는 정당연합이었다. 그러나 이 자메이카연정은 성사되지 못했고, 결국 대연정을 꾸렸다. 주정부 차원에서는 자메이카연정이 꾸려진 적이 있지만, 연방 차원에서는 아직까지 없었다고 한다. 슈뢰더(Gerhard Schröder) 정부 때의 사민당과 녹색당의 연정은 '적록연정'으로 불렸다. 사민당이 적색, 녹색당이 녹색이었다. 2021년 총선에서 1당이 된 사민당은 녹색당, 자유민주당(황색)과 연정을 성사시켰는데, 적록황의 연합이라 해서 '신호등연정'으로도 불린다.

대통령제와 한국의 연합정치

다당제와 내각제 체제에서는 연정이 보편적이라고 했는데, 대통령제인 우리나라에서는 여소야대의 해결 전략으로 연정이 아니라 아예 정당 통합을 시도한 경우가 있었다. 앞서 설명한 1990년의 3당합당이 그랬다. 반면에 정당은 유지하면서 선거 과정부터 후보 단일화 전략으로 집권한 DJP연합도 있었다. 대통령제이기 때문에 대선 후보 단일화 전략에서 시작되었다는 점은 유럽의 연정과 다르지만, 이후의 정부 구성과 참여에서는 유럽의 연정과 비슷했다.

선거에서 후보 단일화를 토대로 연합정치를 꾸리는 형태도 있기는 했다. 2010년 제5회 전국동시지방선거 때 야권 후보들이 후보 단일화를 하면서 지방정부 공동 운영에 대한 협약을 맺은 적이 있다. 국회의원선거에서도 간혹 후보 단일화가 이뤄진 적이 있긴 하지만, 이 경우는 연정이라기보다는 말 그대로 후보 단일화에 한정된 선거 전략이다. 그동안 민주당과 진보정당 계열이 간혹 선거 전략 차원에서 후보 단일화를 한 바 있다.

연정 대상이 바뀌거나 중간에 붕괴되는 것도 드문 일은 아니다. 우리의 경우도 합당 형태로 단일화했던 3당합당의 민자당은 4~5년 만에 다시 쪼개졌다. 1990년 1월 3당합당이 이뤄졌는데, 김종필의 신민주공화당 세력과 민정당의 일부 세력이 탈당해 1995년 1월 자유민주연합(자민련)을 창당한다. 김대중 정부의 DJP연합도 집권 3년 만에 갈라섰다. 1996년 지방선거에서 비공식적으로 연합했던 김대중과 김종필은 1997년 대선을 1달여 앞둔 11월 초 후보 단일화와 더불어 연합협약을 맺었다. 그러나 김종필의 자민련 세력은 규모에 비해 주요 요직을 많이 할당받기는 했지만, 대통령제에서 김대중 대통령 권력에 종속적일 수밖에 없었다. 여당의 부속 정당쯤으로 간주되는 경향이 있었다. 이는 2000년 총선에서 자민련을 추락시키는 요인이 되었다. 총선 추락의 후유증에다 내각제 약속 불이행, 이념 갈등이 겹치면서 DJP연합도 2001년경 붕괴되었다.

정치 개혁, 제도 개편과 리더십

우리나라는 제2차 세계대전 이후 후발국에서 산업화와 민주화에 모두 성공한 보기 드문 나라로 호평받아 왔다. 최근에는 영화, 드라마, K팝 등의 문화 자산도 세계 무대에서 주목받는다. 그러나 요즘 우리 정치는 퇴행하며 위기 속에 있다. 물론 이코노미스트 EIU의 민주주의 지수에 따르면, 2020년 이래 우리나라 정치가 타이완, 일본과 함께 '결함 있는 민주주의(flawed democracy)'를 넘어 '충분한 민주주의(full democracy)'로 진입했다고 나온다. 그러나 지금까지 살펴봤다시피, 우리의 정치는 비전 없는 극단적 권력투쟁으로 퇴행 중이다. 양극화된 진영정치는 사법부, 언론을 포함한 우리 사회 각 영역을 정파적으로 분열·대립시킨다.

권력분립의 대통령제 또는 내각제로 개편

승자독식의 대통령제, 제왕적 대통령제의 개편 필요성에 대해서는 대부분 공감해 왔다. 민주화 이후 역대 국회의장은 국회의 기능과 독립성을 강화하는 권력분립 대통령제, 또는 내각제나 분권형대통령제로 개편해야 한다고 이구동성으로 역설했다. 20, 21대 국회 전후반기 국회의장 모두 권력 구조 개편을 위한 개헌이 국회의장 재임 기간 중 대표적인 임무라고 했다.

대통령직을 직접 수행한 역대 대통령들은 상대적으로 소극적이었 지만, 임기 말이나 퇴임 후에는 현행 대통령제의 개편이나 최소한 결 선투표제의 도입이 필요하다고 말했다. 그러나 임기 말이나 퇴임 후 에는 실질적인 개헌 추진 동력이 없는 상태였다. 민주화 이후 대통령 중에서 김영삼 대통령만 "대통령 중임제 도입이나 정경유착의 온상이 될 내각제 채택을 위한 개헌 또는 어떤 형태의 개헌도 단호히 반대한 다"라고 하며 개헌에 적극적으로 반대했다(1996년 2월 7일, 신한국당 전 당대회 치사).

민주화 이후 첫 대통령인 노태우 대통령은 1990년 3당합당 당시 김 영삼, 김종필과 내각제 개헌을 약속했다. 김종필 또한 대표적인 내각 제 개헌론자였다. 그러나 김영삼의 반발로 추진도 하지 못했다. 김종 필과 내각제 개헌 약속을 했던 김대중 대통령도 약속을 지키지 못했 다. 김대중 대통령은 국가적인 상황을 들며 "중임제 혹은 내각제 개헌 에 대해 불필요한 논란으로 내부 힘을 낭비해선 안 된다"라고 말했다 (2001년 10월 11일, 신동아 창간 70주년 회견). 김종필은 두 번이나 내각 제 개헌을 매개로 정당통합 또는 정치연합에 참여했으나 성사시키지 못했다.

그러나 퇴임 후 김대중은 그의 자서전에서 내각제나 이원집정제의 유용성을 언급했다.

나는 오랫동안 대통령중심제를 지지해 왔다. 지금도 정부통령제를 마 음에 두고 있지만, 5년 단임제는 책임을 물을 방법이 없다. 이원집정부

제나 내각책임제를 도입하는 것도 나쁘지 않다고 본다[김대중, 『김대
중 자서전』 2(2010), 586~587쪽].

노무현 대통령도 집권 말에 들어서는 결선투표제, 나아가 내각제로
의 개편 필요성을 말했다. 노무현 대통령은 후보 시절 후보 단일화 과
정에서 정몽준 후보 측이 요청한 '분권형대통령제'(이원집정부제) 개편
을 약속하지 않으려고 했다. 개헌하지 않더라도 책임총리제로 운영하
면 된다는 것이었다. 그러나 책임총리제는 제도적 뒷받침 없이 구현
되기 어렵다. 노무현 대통령은 후보 단일화를 위해 불가피하게 '분권
형대통령제' 개헌을 약속했다. 물론 투표 전날 정몽준의 단일화 파기
로 개헌 약속은 무의미해졌다. 그렇잖아도 노무현 대통령은 개헌이
필요하지 않다고 보는 터였다.

그런데 노무현 대통령도 정권 말에는 대선과 총선 주기를 맞추는
원 포인트 개헌을 제안하더니, 2007년 8·15 경축사에서는 결선투표
제, 나아가 내각제도 생각해 볼 수 있다고 개헌의 필요성을 강조했다.
물론 집권 말인 데다 국정 지지도가 10%를 갓 넘은 수준인 상태에서
개헌론이 힘을 받을 수 없었다.

이명박 대통령도 임기 중반 제왕적 대통령제를 비판하면서, 국회에
개헌 논의를 부탁했다(2010년 8·15 경축사). 이에 맞추는 듯 이미 국회
에서는 김형오 의장이 헌법연구자문위원회(2008~2009, 위원장 김종인)
를 구성해 가동 중이었다. 자문위원회는 최종적으로 4년 중임의 엄격
한 권력분립 대통령제와 이원정부제 개편안으로 제안했다. 또 개헌
추진을 위한 국회의원 연구모임 '미래한국헌법연구회'(2008~2010, 이
주영·이낙연·이상민 의원 공동대표)를 구성했고, 이명박 대통령의 측근

이라는 이재오 의원 등이 이원집정부제(분권형대통령제) 추진 모임을 구성해 활동했다.

박근혜 대통령은 대통령제 자체에 대한 개편보다 4년중임제를 선호했다. 2016년 10월 24일 국회 시정연설에서 개헌을 제안하며 주목을 끌었지만, 바로 그날 저녁 JTBC의 태블릿 보도가 터지면서 탄핵 국면으로 바뀌었다. 탄핵과 더불어 대통령제의 개혁 필요성이 제기되는 가운데 당선된 문재인 대통령은 약속대로 개헌안을 제출했다. 민주화 이후 최초로 정식 제출된 개헌안이었다. 결선투표제와 지방분권을 강조한 내용을 담고 있지만, 대통령제 자체의 개편에 대해서는 소극적이었다.

앞에서 지적했다시피 역대 국회의장들은 이구동성으로 승자독식의 제왕적 대통령제를 개편해야 한다고 말한다. 대통령 권력을 누렸던 대통령들도 정권 말이나 퇴임 후에는 개편이 필요하다는 쪽으로 기운다. 기본적으로 대통령제와 결합한 국회의 여야당 체제는 국회를 반쪽으로 만든다. 권력의 견제와 균형이라는 민주제도의 목적에 부합하지 않는다. 국회의장을 무소속으로 규정하면서도 여야를 넘어서는 중립적인 역할을 수행하기 어려운 현실이 말해준다. 대통령제를 유지하겠다면, 권력에 대한 견제와 균형이라는 권력분립의 원칙에 맞도록 개편해야 한다.

무엇보다 5년 동안 대통령에게 전일적 권한을 위임하는 대의제 방식이 과연 시대적인 상황에 맞는가 하는 점이다. 탄핵을 제외하고는 책임을 물을 수가 없다. 사실상 거의 무조건적으로 5년 임기가 보장된 경직된 통치 권력보다는 국민의 요구에 호응하고 책임에 답할 수 있는 유연한 통치 권력 체제가 되어야 한다. 이런 점에서 내각제 또는 이원집정부제 등이 유용하다. 다당제의 필요성이 자주 거론되는데, 승자독식의 대통령제에서는 다당제가 안정되기 어렵다.

국민들의 의사가 중요하다. 그래서 헌법 개정은 국민투표에 부치도록 되어 있다. 개헌에 대한 국민여론조사는 대체로 정치권의 분위기와 질문 방식에 따라 다양하게 나오는데, 4년중임 대통령제를 선호하는 의견이 많은 편이다. 여기에는 총리 국회추천제나 분권형과 결합한 4년중임제가 포함된 것도 있다. 사실상의 이원집정부제다. 앞에서 인용한 바 있지만, 대통령제에 대한 문제 제기가 많을 때는 내각제나 혼합형에 대한 선호가 높게 나오기도 한다. 정당 체제, 선거제도 등 여러 정치제도는 서로 맞물려 그 효과가 나타난다. 우리나라 정치제도의 최고 구심점은 대통령제에 있다는 점을 인식해야 한다. 내각제나 이원집정부제 또는 권력분립을 제도화한 대통령제로 개편해야 한다.

선거제도 개혁의 방향

21대 총선을 앞두고 대표적인 정치 개혁으로 표방된 것이 '준연동형선거제'였다. 큰 정당들이 위성정당을 만들어버리는 통에 실패했다고 하지만, 애초에 잘못된 기획이었다. 연동형을 추진하다가 타협책으로 준연동형이 되었다. 연동형이 되었어도 근본적인 한계는 있었다. 무엇보다 왜 정당 지지에 모든 의석을 연동해야 하느냐에 대한 근거가 부족하다. 우리의 경우, 정당 투표보다 정당과 후보를 모두 고려한 지역구 투표가 국민대표성이 더 강하다. 그런데도 독일의 정당투표연동형을 기계적으로 빌려왔다.

소선거구제에서 나타나는 사표 문제와 소수 정당 배제 구조에 대한 개혁 대안으로, 연동형으로의 제도 개편이 추진되었다. 비례대표 비중의 확대를 전제로 한 제도였다. 지역구 대 비례대표가 1 대 1, 최소한 2 대 1은 되어야 그나마 연동형의 취지가 작동한다. 우리가 모델로 삼은 독일의 경우 지역구와 비례대표의 비율이 1 대 1이고, 뉴질랜드 1.4 대 1, 잠깐 시행하다 문제가 커 폐지한 알바니아도 2.5 대 1이었다. 비례대표 규모 확대는 이뤄지지 않은 채, 배분 방식에서만 기존의 병립형과 다르게 전체 정수를 기준으로 바꿨다. 늘 그랬듯이 지역구 축소는 현역 지역구 의원들의 기득권에 막혔고, 의원 정수 확대는 국민여론에 막혔다. 결국 지역구와 비례의 비율이 5.4 대 1인 구조에 단서 조건이 많은 '누더기' 연동형 비례제가 되었다.

연동형선거제 개편 방향은 그동안 득표보다 많은 의석을 차지해 온 거대 정당들에 불리했다. 그런데도 제1당인 민주당은 또 다른 정치 전략을 고려해 손실을 감내하고 타협했다. 동시에 제도 개편으로 이득을 볼 수 있는 소수 정당들이 민주당에 우호적인 세력이라는 점도 고려되었다. 이른바 '4+1' 세력이 그랬다. 이 때문에 손실을 최소화하면서 타협책을 만들다 보니 '누더기' 선거제가 되고 만 것이다. 제1야당인 통합당(현 국민의힘)은 거대 정당의 기득권 상실을 보완할 만한 소수 정당의 공조도 기대하기 어려웠다. 그래서 준연동형으로의 개편을 절대적으로 반대했다. 그러나 제1·2당이 모두 위성정당을 만들면서 큰 정당들의 손실 우려는 없어졌다. 민주당은 한때 통합당의 위성정당을 두고 민심의 심판을 받을 거라고 했지만, 오히려 두 개의 친민주당 위성정당이 경쟁하는 상황까지 벌어졌다.

최근 위성정당이 등장하는 것을 제도적으로 통제하는 보완책이 준연동형선거제의 개정 방향으로 제시되고 있다. 위성정당이 통제되면 정당 투표 비례에만 의존하는 소수 정당에 도움이 된다. 그런데 정당 득표를 기준으로 전체 의석을 배분하는 것 자체가 민주적 대표성의 관점에서 합리적이라 보기 어렵다. 다수의 국민들은 정당이 유권자의 뜻을 제대로 대표하기 어렵다고 볼 것이다.

우리가 빌려온 독일의 연동형은 100% 비례대표제 역사에서 소선거구제를 혼합해 보완된 제도다. 그래서 기존 비례대표 배분 방식에 지역구를 포함해 계산한 것이다. 우리의 도입 경로와 정반대다. 지역구와 비례대표의 비율이 1 대 1이지만, 제도의 역사로 보면 비례대표제가 중심이다. 우리는 비례대표의 비중이 정수의 6분의 1에도 못 미치는데, 이를 민심의 척도로 삼는 셈이다. 논리적이지도 민주적이지도 않다. 꼬리로 몸통을 흔드는 꼴이다.

연동형 비례대표의 취지가 무엇보다 소선거구제 지역구에서 나오는 사표를 줄이려는 것이라고 한다. 그러나 도입된 준연동형에서는 지역구의 사표가 그대로 남는다. 지역구의 사표 완화는 비례대표의 확대에서 찾아야지 연동형에서 찾으면 안 된다. 정당 득표 연동은 정당정치 중심의 선거에 필요한 제도다. 그런데 과연 우리나라에서 향후 정당 중심 정치가 더 강화될 필요가 있는가, 그리고 정당의 독점력이 시대적 흐름에 부합한가 등을 따져본다면 오히려 반대다. 정당 중심보다 유권자 중심의 유연한 정당정치가 향후 대의정치의 방향이라고 본다. 이런 점에서 정당 비례대표제를 유지할 경우 준연동형으로 바뀌기 전의 제도였던 병립형이 더 적절하다고 본다.

지역구의 사표를 축소하는 대안은 비례대표의 확대, 또는 중대선거구제로의 개편이다. 그런데 정당별로 조금 차이가 있기는 하지만, 비례대표 국회의원들이 국민들에게 그렇게 신뢰를 주지 못했다. 물론 비례대표를 확대하면서 정당정치와 비례 공천 과정 개선이 동반될 수 있다는 의견도 있다. 비례 확대 방안과 중대선거구제의 장단점을 비교해 판단할 일이다.

소선거구제에서 비롯된 사표 문제를 말하는데, 사실은 대통령선거가 대표적인 소선거구제다. 더구나 1등이 국가의 최고 권력을 독점하는 완전한 승자독식 선거제다. 문재인 대통령은 41.1%로 대통령이 되었고, 윤석열 대통령은 48.6%로 대통령이 되었다. 13대 대통령 노태우는 36.6%로 당선되었다. 유권자의 절반 이상은 다른 후보에게 투표했음에도 독점적 대통령이 된 것이다. 물론 대부분의 대통령직선제 국가에서는 결선투표제로 보완함에도 우리는 결선투표제가 없다. 국회의원선거에도 결선투표제가 있는 나라들도 있다.

사실 우리나라 소선구제에서 사표 문제보다 더 큰 한계는 소수 정당 후보, 신진 후보가 당선되기 어려운 구조라는 점이다. 거대 정당의 기득권을 보호해 주기 때문에 그들의 독과점 정당정치의 바탕이 된다. 기득권 보호 장치의 핵심이 '공직선거법' 제150조에 규정된 큰 정당 우선순위의 투표용지 게재 순서다.

정치 개혁의 핵심: 기호순번제의 폐지

우리나라의 각종 선거에서 후보들은 투표용지에 큰 정당 순서로 기호를 붙여 게재된다. '공직선거법' 제150조에서 그렇게 규정한다. 선거 벽보 순서도 마찬가지다. 대통령선거처럼 전국적으로 아주 주목받는 선거에서는 좀 다르지만, 국회의원선거 특히 지방선거에서는 번호와 게재 순서가 결정적인 영향을 미친다. 유권자의 상당수도 번호만을 보고 찍는 경우가 많으므로, 앞쪽에 있는 큰 정당이 유리하다. 큰 정당들은 전국적으로 통일된 단일 기호를 찍으라는 단일 선거운동으로 효과를 본다.

작은 정당, 신생 후보, 무소속 후보들은 뒤에 배치된다. 유권자의 선택 대상에서 아예 고려 대상이 되지 않은 경우도 많을 것이다. 큰 정당 소속 후보는 3중의 프리미엄을 누린다. 첫째, 앞쪽에 배치된다. 앞쪽에 배치되는 것이 유리하다는 초두효과(primacy effect)는 그동안의 연구를 통해 입증되었다. 우리나라의 실제 사례나 연구에서도 확인된 바 있다. 둘째, 그냥 앞 순서일 뿐 아니라 1, 2, 3……의 기호를 붙여, 통일된 기호효과도 덧붙여 누린다. 셋째, 투표용지나 벽보에 후보자 이름 앞에 거의 동일한 크기로 정당 이름이 먼저 게시된다. 정당 투표에 준하는 것이 정당효과인데, 큰 정당 소속 후보는 정당효과 또한 크다. 정당책임정치 국가인 독일의 경우도 지역구 후보 투표용지에는 후보 이름이 강조되고 소속 정당을 아래 적는다. 결국 우리의 경우 대형 정당 소속 후보는 선거에서 초두효과, 기호효과, 정당효과라는 3중의 프리미엄을 누린다. 불공정한 제도다. 큰 정당에 프리미엄을 줘 그들의 독과점 체제를 유지하게 하는 제도다.

경쟁을 통해 신망을 잃은 정당은 퇴출되고, 좋은 정당이 성공하도록 하는 것이 정당민주주의다. 그런데 독과점 체제에서는 양대 정당이 실패해도 다시 그들끼리 경쟁한다. 그동안 그래 왔고, 지금도 그 현실을 보고 있다. 큰 정당 공천을 받아야 당선될 수 있으니 독점에 따른 정당 조직의 비민주성도 감내해야 한다. 우리가 느끼고 보는 한국 정당정치의 현실이다. 이는 한국 정당정치의 민주적 발전을 가로막는 개혁 과제다. 근원적으로 공정한 정치참여를 제약하는 차별적 제도다.

우리 헌법재판소에서도 현행 기호순번제에 차별적 요소가 있다고 보았다. 다만 정당정치 제도의 취지에 비추어 공무담임권을 침해한 정도는 아니라면서 1996년 기각한(1996.3.28 선고 96헌마9·77·84·90) 이래로 사정이 바뀌지 않았다며 각하를 제외한 7건 모두를 쭉 기각했다. 길게 논박할 수 있지만, 정당정치에 대한 보호는 정당에 대한 특혜를 말하는 것이 아니라는 점만 지적한다.

독일의 경우만 우리와 유사할 뿐 다른 나라들에서는 대부분 추첨제나 알파벳순으로 한다. 그런데 독일은 앞의 선거제도 분석에서 살펴보았듯이 우리나라와 달리 정당 중심의 비례대표제가 선거의 중심이다. 1, 2, 3과 같은 기호가 붙는 나라도 많지 않다. 일본, 필리핀처럼 후보자의 이름을 직접 기입하는 경우도 있고, 프랑스나 스페인 하원 선거처럼 후보자별로 별도의 투표용지가 있어 지지하는 후보자 용지를 선택해 투표함에 넣는 방식도 있다. 우리나라에서도 20여 년간 추첨제를 채택한 바 있고, 기호 배정 방식도 조금씩 다르게 변화했다. 1948년 이래 추첨제를 실시했는데, 1969년부터는 의석수순으로 기호를 배정하는 제도를 채택했다. 1967년 대통령선거에서 당선된 제1당 민주공화당의 박정희 후보는 추첨으로 받은 기호 6번으로 당선되었다.

미국의 경우 현직 또는 제1당을 우선하는 게재 순서가 평등권 침해라는 이유로 여러 주에서 위헌 판결을 받아 선거가 무효화되고 관련 법이 제비뽑기 방식 등으로 바뀌기도 했다. 캘리포니아주 선거를 통시적으로 비교·분석했던 연구에 따르면, 공화당과 민주당 같은 양대 정당의 경우 기재 순서에 따라 2% 정도 영향을 받으며, 소수 정당의

선거구마다 순서 돌아가기(rotation)	주 내에서 동일한 순서(no rotation)		
	알파벳순	제비뽑기	기타 (현직 우선, 지사 소속 정당 등)
알래스카	앨라배마	콜로라도	애리조나
아칸소	하와이	일리노이	코네티컷
캘리포니아	루이지애나	뉴멕시코	델라웨어
아이다호	메인	오클라호마	플로리다
캔자스	노스캘리포니아	오리건	조지아
켄터키	버몬트	사우스캘리포니아	인디애나
몬타나		사우스다코타	아이오와
네브래스카		로드아일랜드	메릴랜드
뉴햄프셔		버지니아	메사추세츠
뉴저지		웨스트버지니아	미시건
노스다코타			미네소타
오하이오			미시시피
			미주리
			뉴욕
			펜실베이니아
			테네시
			텍사스
			유타
			워싱턴
			위스콘신
			와이오밍

자료: Laura Miller, "Election by Lottery: Ballot Order, Equal Protection, and the Irrational Voter", *Journal of Legislation and Public Policy*, Vol.13. Issue.2(2010), pp.381~382.

경우는 15%까지도 영향을 미칠 수 있고, 20여 년간 조사대상으로 삼았던 캘리포니아의 예비선거 59번의 케이스 중 7군데에서 순서에 따라 승패가 뒤바뀔 수도 있었을 것이라고 했다.[*]

위헌 판결 이후 30여 개 주가 추첨제 방식을 채택했으며, 추첨에 따

[*] Daniel E. Ho and Kosuke Imai, "Estimating Causal Effects of Ballot Order from a Randomized Natural Experiment: The California Alphabet Lottery, 1978~2002," *Public Opinion Quateriy*, Vol.72, No.2(2008), pp.236~287, 387.

른 로또식의 문제를 해결하기 위해 순서를 순환하는 방식을 덧붙이고 있다.

　'공직선거법' 제150조에서 규정한 '기호순번제'를 현재의 교육감 선거처럼 추첨제로 바꾸면 된다. 또 추첨이 당락을 좌우하는 로또가 되지 않도록 투표구별로 순서를 바꿔주는 순환 배열 방식을 더하면 된다(지방교육자치에관한법률 제48조). 우리나라에서 순환 배열 방식을 택하게 된 배경에는 2010년 지방선거 때 교육위원 선거 결과에 대한 성찰이 있었다. 당시 82명의 교육위원 당선자 중 76명(92.7%)이 첫 번째와 두 번째로 게재된 후보로, 이것이 문제로 지적되면서 현재처럼 교호순번제를 덧붙이도록 개정되었다. 물론 정당 후보 선거에서는 소속 정당이 후보자의 정체성을 판단하는 가장 큰 변수다.

　사실 나는 우리나라 정치 개혁 과제 중 하나만 꼽으라면 이 기호순번제의 폐지를 든다. 국회의원들 대부분도 이 제도의 불평등성과 부작용을 인정한다. 그러면서도 제도 개혁 가능성은 희박하다고 말한다. 투표용지 게재가 추첨제 등의 방식으로 바뀌면 차기 선거에서 공천만 되면 당선될 수 있는 기득권이 무너지기 때문이다. 2022년 10월 현재 국회 재적 의원 299명 중 사실상 290명이 양대 정당 소속이다. 기호순번제가 폐지되면 이들 대다수의 기득권이 흔들린다. 역설적으로 이 기호순번제의 개혁이 핵심적이고 절실한 개혁 과제임을 말해준다. 기득권에 볼모잡힌 개혁 과제다. 기호순번제 개혁은 민주적 경쟁체제를 활성화하고, 정당정치의 민주화도 촉진할 수 있는 핵심적 과제다. 논의된 대안들은 불확실한 대안이 아니며, 이미 우리나라에서도 경험한 바 있고, 다른 나라 사례에서도 확인되는 보편적인 방향이다. 결국 정치개혁운동이든 뭐든 실천 동력을 만드는 것이 관건이다.

보편적 정치 덕목과 리더십으로 경쟁해야

양극화된 진영정치의 문제에 대해 논의했다. 물론 정치가 "적과 동지를 구분하는 것"이라는 슈미트(Carl Schmitt)의 말처럼, 권력투쟁은 피아가 배타적으로 구분되는 속성이 있다. 또 권력투쟁에서는 사람들이 세력으로 조직화되고 집단화되기 마련이다. 그게 진영 싸움이 된다. 그러나 적과 동지로 구분했던 슈미트의 정치철학은 결국 전체주의나 패권주의 옹호로 흘러 비판을 받았다. 오늘날 민주주의와 민주적 공존이라는 공동체의 지향에 반한다.

진영에 따른 갈등과 분열은 정치권뿐 아니라 사회 여러 부분에 확산해 있다. 언론의 보편적 기능인 권력 감시를 뒤로 밀어낸 채, 진영을 대변하는 어용 역할을 당당히 할 정도로 언론도 진영화되어 버렸다. 유튜브 언론의 폐해를 말하면서 지상파 언론 스스로가 유튜브화되어 버린 실정이다. 정보시장과 연결망을 지배하는 SNS는 자기 확증을 강화하며 동굴의 우상을 더 견고히 만들고 있다.

기득권의 진영정치 구조에서도 간혹 혁신의 동력을 만들던 정치 신인들도 최근에는 홍위병 역할로만 채워진다. 극단적 진영정치의 악순환이다. 상식마저도 서로 다르게 진영화되어 있으니 토론과 설득의 공론장 자체가 형성되지 않는다. 진영 논리가 작동하는 데서는 사실에 대한 해석의 차이 이전에 사실에 대한 공유도 쉽지 않은 경우가 적지 않다.

우리 사회 공동의 가치와 원칙을 정치적 공론장에 서도록 하는 것이 과제다. 공존의 정치를 이끄는 리더십, 그런 정치 세력이 필요하다. 근래에 강조되어 온 중도의 정치도 단지 중간 지대가 아니라 공유할 수 있는 공동체의 가치에 바탕을 둔 정치에 대한 기대에서 나왔다. 정치적 선택에서는 리더십에 대한 신뢰가 먼저 검증 대상이 되어야 한다. 정치 세력은 대의체이면서 권력자다. 언론은 권력자에 대한 감시와 견제 역할이라는 기능을 공유해야 하며, 우리는 권력자가 갖춰야 할 덕목을 기본적인 검증 대상으로 삼아야 한다. 동양에서 군자의 전통적인 덕목으로 제기해 온 인의예지(仁義禮智), 또 관용과 포용, 통합의 리더십 같은 덕목이나 자질에 대한 논의가 우리 정치 공론장의 중심에 있어야 한다.

지은이

/

김만흠

정당 및 선거와 한국 정치를 전공한 정치학자로, 국회입법조사처 처장을 지냈으며 현재 한성대학교 석좌교수다. 서울대학교 정치학과와 대학원을 졸업하고, 동 대학교 사회과학연구원에서 특별연구원을 지냈다. 가톨릭대학교 정치학 교수로 연구와 강의를 했으며, 국가인권위원회 인권위원으로 활동했다. 서울신문 독자권익위원장, KBS, CBS 객원 해설위원, 국회방송의 의정종합뉴스 〈뉴스N〉의 앵커를 역임했으며, tbs FM, MBN, 국회방송(NATV), Ktv의 시사토론 프로그램을 진행하는 등 각종 방송에서 정치평론가로 활동했다.

주요 저서로『김만흠의 15분 정치학 강의』,『정당정치, 안철수 현상과 정당재편』,『새로운 리더십, 분열에서 소통으로』,『민주화 이후의 한국정치와 노무현 정권』,『한국의 언론정치와 지식권력』,『전환시대의 국가체제와 정치개혁』,『한국정치의 재인식』등이 있다.

포퓰리즘의 정치전쟁

종교화된 진영정치

ⓒ 김만흠, 2022

지은이 ┃ 김만흠
펴낸이 ┃ 김종수
펴낸곳 ┃ 한울엠플러스(주)
편집 ┃ 이동규·최진희

초판 1쇄 인쇄 ┃ 2022년 11월 10일
초판 1쇄 발행 ┃ 2022년 11월 21일

주소 ┃ 10881 경기도 파주시 광인사길 153 한울시소빌딩 3층
전화 ┃ 031-955-0655
팩스 ┃ 031-955-0656
홈페이지 ┃ www.hanulmplus.kr
등록번호 ┃ 제406-2015-000143호

Printed in Korea.
ISBN 978-89-460-8217-5 03330

※ 책값은 겉표지에 표시되어 있습니다.